示范性职业教育重点规划教材
职业技术教育以任务为驱动理实一体化教学"十三五"规划丛书

电力机车
制动系统检修与维护
（DK-1电空制动机）

主　编◉王　慧
主　审◉倪　伟

西南交通大学出版社
成·都

图书在版编目（CIP）数据

电力机车制动系统检修与维护：DK-1 电空制动机 / 王慧主编. — 成都：西南交通大学出版社，2017.8（2024.7重印）

（职业技术教育以任务为驱动理实一体化教学"十三五"规划丛书）

示范性职业教育重点规划教材

ISBN 978-7-5643-5205-9

Ⅰ.①电… Ⅱ.①王… Ⅲ.①电力机车 – 车辆制动 – 制动装置 – 检修 – 高等职业教育 – 教材 Ⅳ.①U264.2

中国版本图书馆 CIP 数据核字（2017）第 007450 号

示范性职业教育重点规划教材
职业技术教育以任务为驱动理实一体化教学"十三五"规划丛书

电力机车制动系统检修与维护
（DK-1 电空制动机）

主编	王 慧
责任编辑	宋彦博
封面设计	何东琳设计工作室
出版发行	西南交通大学出版社 （四川省成都市金牛区二环路北一段 111 号 西南交通大学创新大厦 21 楼）
邮政编码	610031
发行部电话	028-87600564　　87600533
官网	http://www.xnjdcbs.com
印刷	四川煤田地质制图印务有限责任公司
成品尺寸	185 mm×260 mm
印张	8
字数	197 千
版次	2017 年 8 月第 1 版
印次	2024 年 7 月第 2 次
定价	28.00 元
书号	ISBN 978-7-5643-5205-9

课件咨询电话：028-87600533
图书如有印装质量问题　本社负责退换
版权所有　盗版必究　举报电话：028-87600562

贵阳职业技术学院
教材编写委员会

主　　任	杨彦峰	陈贵蜀		
副主任	杨　献	刘路明	秦祖豪	吴学玲
	陈开明	张正保	代　琼	
委　　员	熊光奎	彭明生	宋　波	胡　然
	刘裕红	陈　健	彭再兴	李明龙
	陈桂莲	冯钰雯	倪　伟	凌泽生
	杨兴国	张书凤	王　鑫	

前　言

本教材以适应项目化教学为特色，融理论知识、实践技能、应用环境于一体，把每一个教学项目的内容打造成相对独立的模块。模块的筛选和组织均以实际工作过程中的典型任务为载体，以便于教学时模拟真实的环境，围绕某一工作过程，强化专业能力与非专业能力的训练。

本书主要有以下特点：

（1）从职业需求分析和岗位专业能力要求出发精选教材内容，按"理实一体化"的原则进行编写。

（2）以铁道机车车辆中典型的 DK-1 型电空制动机的检修与维护为主线，选取 DK-1 型电空制动机主要阀类设备，按照从易到难、从简单到复杂的原则进行编排，力争符合学生的认知规律。

（3）在职教专家的指导下，教材采用标准化编写方法，在内容安排和组织形式上进行了新的尝试，为实施"教、做、学"一体化的教学奠定基础。

（4）邀请企业的工程师、高级技师、技师等一线专家参与教材的编写，使教材更贴近生产实际。

本教材由贵阳职业技术学院铁道机车车辆专业的王慧担任主编并负责全书绝大部分内容的编写。成都铁路局贵阳机务段检修车间的工程师龙昀编写了项目五及项目六。贵阳职业技术学院常务副院长倪伟对全书进行了审核，在此表示衷心感谢。

本书在编写过程中，得到了上海市教育科学研究院杨黎明教授的全程指导，他对本书的编写提出了许多宝贵意见和建议，在此表示衷心感谢。由于编者水平有限，书中难免存在不妥之处，敬请读者批评指正。

编　者
2017 年 5 月

目 录

上篇 基础理论知识

基础理论知识一：自动制动机的基本工作原理/1

基础理论知识二：DK-1 型电空制动机的组成、控制关系及特点/4

基础理论知识三：制动基础理论/7

下篇 项目实训

项目一 电空制动控制器的检修与维护/16

项目二 空气制动阀的检修与维护/23

项目三 中继阀的检修与维护/35

项目四 电动放风阀的检修与维护/45

项目五 紧急放风阀的检修与维护/51

项目六 分配阀的检修与维护/60

项目七 QTY 型调压阀的检修与维护/77

项目八 转换阀的检修与维护/83

项目九 QSL 型分水滤气器的检修与维护/89

项目十 TJY 型压力开关的检修与维护/93

项目十一 重联阀的检修与维护/99

项目十二 电空阀的检修与维护/109

参考文献/120

上篇　基础理论知识

基础理论知识一：自动制动机的基本工作原理

现代自动空气制动机，其结构和原理都比较复杂，功能也日趋完善，但基本工作原理仍和最早的自动制动机——基础三通阀相同，即当向列车管充气时，制动机呈缓解状态，反之，当列车管内减压时，制动机呈制动状态。下面以基础三通阀的三个位置来说明自动空气制动机的基本工作原理。

一、充气缓解位

充气缓解位如图 1-1-1 所示。

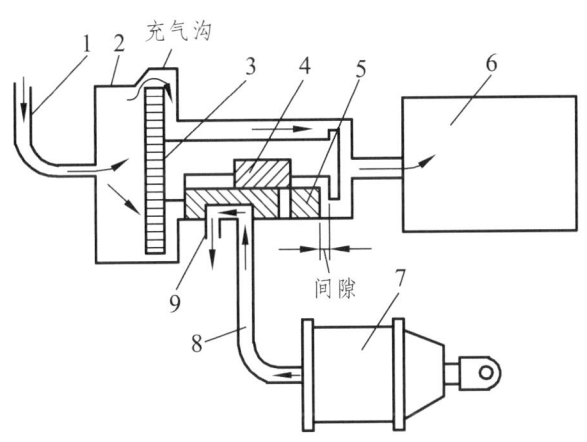

图 1-1-1　基础三通阀（充气缓解位）
1—列车管；2—三通阀；3—主活塞；4—节制阀；5—滑阀；6—副风缸；7—制动缸；8—制动缸管；9—排气口

当制动阀手把在充气位时，总风缸的压力空气进入列车管内，再由列车管输送到各车辆三通阀。三通阀主活塞左侧压力增高，推主活塞及活塞杆，带动节制阀和滑阀一起移动至右侧。此时充气沟开放，压力空气经充气沟进入副风缸内储存，直到其压力和列车管压力相等为止。副风缸储存压力空气，为施行制动做准备。与此同时，制动缸经滑阀上的联络槽与三通阀的排气口连通，制动缸内的压力空气由此排入大气后，制动缸活塞被弹簧推回原位，形成缓解状态。制动缸缓解后的最终压力为零。

这里所说的"缓解"就是指制动缸通大气，而"充气"就是指副风缸压力低于列车管压力时，由总风缸经列车管向其补充的过程。列车连挂后的初充气或制动后的再充气，以及正常行车时，三通阀都工作在这个位置上。

二、制动位

制动位如图 1-1-2 所示。

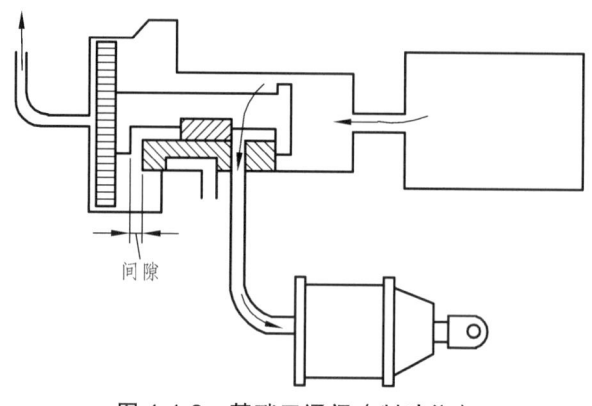

图 1-1-2　基础三通阀（制动位）

当制动阀手把在制动位时，列车管的压力空气由制动阀排气口排向大气，这一过程称为减压。列车管减压时，三通阀主活塞两侧压力失去平衡，形成一定的压力差。活塞在此压力差的作用下，克服其本身及节制阀的阻力，向左先移动一个间隙距离后，再带动滑阀移到左端位置，一方面关闭充气沟，另一方面使滑阀上的上下贯通孔与制动缸孔相通。这时，储存在副风缸里的压力空气进入制动缸，推动制动缸活塞右移，使闸瓦压紧车轮产生制动作用。

在正常情况下使列车停车或在运行途中调节列车速度时，三通阀就会处于这个位置。

三、中立位

中立位如图 1-1-3 所示。

当达到所需的减压量时，将制动阀手把由常用制动位移至中立位，制动阀将通路全都遮断，压力空气既不进入列车管，也不由列车管排出。这时，三通阀活塞还处在制动位置，副风缸压力空气仍继续流向制动缸，因此，副风缸压力继续下降。当副风缸压力下降到稍低于列车管压力时，主活塞被列车管侧的压力向右推移一个间隙距离，使节制阀遮断副风缸经滑阀通制动缸的通路，副风缸压力停止下降。此时三通阀主活塞两侧不能再产生更大的压力差，自动形成中立位，制动缸内的压力也不再增长，保持原有压力，因此，中立位又叫保压位。

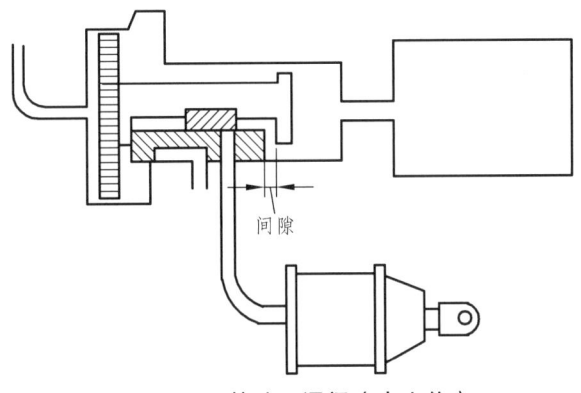

图 1-1-3　基础三通阀（中立位）

　　三通阀处于中立位时，如果再次对列车管实施减压，三通阀活塞两侧又会形成压力差，从中立位过渡到制动位，制动缸压力又会增加。所以，司机需要增大列车制动力时，只要将制动阀手把在制动位与中立位之间交替操作，三通阀活塞相应地左右移动一个间隙距离，制动缸压力便分阶段上升，即得到阶段制动。制动缸压力是与列车管减压量成正比的，但有一定限度，当减压量增大到使副风缸和制动缸的压力平衡时，再继续减压，制动缸压力也不再增加。

基础理论知识二：DK-1型电空制动机的组成、控制关系及特点

一、DK-1型电空制动机的组成

DK-1型电空制动机由风源系统、主控系统和基础制动装置三大部分组成。

风源系统为机车和制动系统提供压力空气，由空气压缩机组、空气干燥器、总风缸、调压器等组成。

制动机主控系统的主要功能是使机车和车辆产生制动、保压和缓解作用。DK-1型电空制动机主控系统由安装在司机室内的电空制动控制器和空气制动阀，以及安装在车内的电空制动控制屏、中继阀、分配阀、电动放风阀、紧急阀及均衡风缸、过充风缸、初制动风缸、工作风缸等组成。主控系统的这些部件按作用原理可分为控制、中继、执行三部分：控制部分主要包括电空制动控制器、空气制动阀、电空阀、调压阀等，中继部分包括均衡风缸和中继阀，执行部分包括分配阀、电动放风阀和紧急阀。

基础制动装置用来把制动原力扩大若干倍后使其作用在闸瓦上，压紧车轮产生制动作用。

二、DK-1型电空制动机的控制关系

DK-1型电空制动机的控制关系如图1-2-1所示。

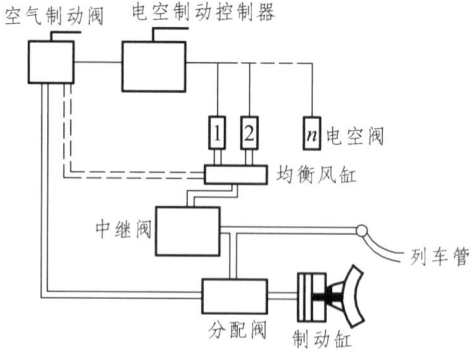

图1-2-1　DK-1型电空制动机控制原理

DK-1型电空制动机的控制关系决定了它的操纵方式有两种。

（一）电空位

1. 控制全列车

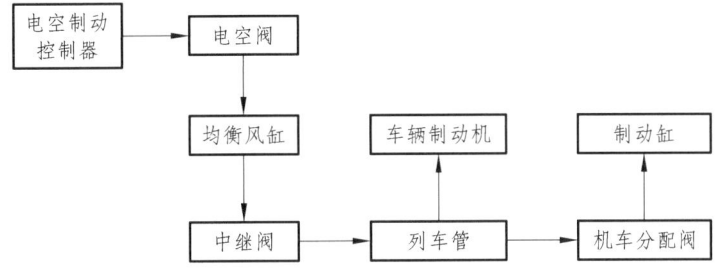

2. 控制机车

（二）空气位

1. 控制全列车

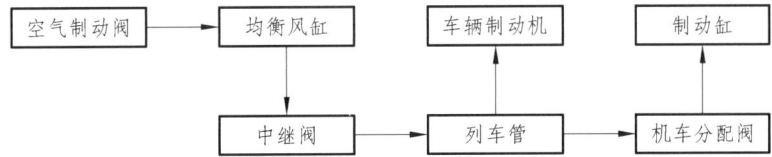

2. 控制机车

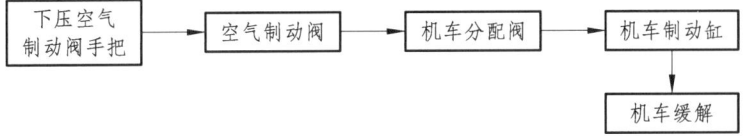

三、DK-1 型电空制动机的特点和性能

（一）DK-1 型电空制动机的特点

DK-1 型电空制动机采用积木式组合结构并以电信号作为控制指令，因而具有准、快、轻、静、结构简单、工作可靠、维修方便等特点，更具有失电制动、故障转换和手动放风阀等多重安全保护措施。

（二）DK-1 型电空制动机的主要性能

DK-1 型电空制动机的单独制动性能和自动制动性能分别如表 1-2-1 和表 1-2-2 所示。

表 1-2-1　DK-1 型电空制动机单独制动性能

序号	项目	技术要求
1	全制动时制动缸最高压力/kPa	300
2	制动缸压力自 0 升至 280 kPa 的时间/s	≤4
3	缓解位，制动缸压力由 300 kPa 降至 40 kPa 的时间/s	≤5

表 1-2-2　DK-1 型电空制动机自动制动性能

序号	项目	技术要求
1	初制动列车管减压量/kPa	40~50
2	运转位，列车管压力由 0 升至 480 kPa 的时间/s	≤9
3	均衡风缸自 500 kPa 常用减压至 360 kPa 的时间/s	5~7
4	全制动时制动缸最高压力/kPa	340~380
5	全制动时制动缸升压时间/s	6~8
6	运转位缓解全制动时制动缸最高压力降至 40 kPa 的时间/s	≤7
7	紧急位列车管压力由定压排至 0 的时间/s	≤3
8	紧急位制动缸最高压力/kPa	450±10
9	紧急位制动缸压力升至 450 kPa 的时间/s	≤5

DK-1 型电空制动机采用电信号作为控制指令，因而还具有普通空气制动机所不具备的特殊性能：

（1）紧急制动时有选择地自动切除机车动力。

（2）列车分离时，自动切除列车管补风源和机车动力。

（3）检查列车管贯通情况，判断列车管折角塞门是否关闭。

（4）机车使用电阻制动前自动进行小减压量空气制动，间隔一定时间后自行缓解空气制动，实现动力制动与空气制动的协调配合。

（5）与列车运行监控记录装置配合，接受监控装置发出的常用制动或紧急制动指令，自动施行常用制动或紧急制动。

基础理论知识三：制动基础理论

一、常用术语

（一）制动和制动力、再制动和再缓解

人为地使运动中的物体（如机车、车辆）降低速度或停止运动，以及防止静止的物体移动所采取的措施叫作制动。

为了施行制动而在机车、车辆上装设的由一整套零部件组成的装置称为制动机。由制动机产生的，受司机控制并可根据需要进行调节的外力叫作制动力。

EL-14（EL-14改进）型制动机自阀缓解位缓解长大列车制动及DK-1型电空制动使用充气按钮检查列车管畅通状态时，具有总风压力的压缩空气直接充入列车管和车辆制动机副风缸，由于空气流通阻力的影响，前部列车管及副风缸的压力常比后部列车管及副风缸的压力高。当EL-14（EL-14改进）型制动机自阀移回运转位以及DK-1型电空制动机停止使用充气按钮而使用消除按钮时，前部列车管压力较高的压缩空气会继续流向后部列车管，因而形成减压作用，引起前部车辆产生制动作用，这种制动就叫作再制动。

为消除再制动，对于EL-14（EL-14改进）型制动机，将自阀手把由缓解位移至运转位3~5 s，再移至缓解位1 s左右，然后再将手把移回运转位；对于DK-1型电空制动机，使用消除按钮后，将电空制动控制器手把移至过充位，待列车管有一定的过充压力后再将手把移回运转位。这样做的目的是以较高的压力空气推动前部车辆"三通阀"主活塞，使产生再制动的车辆制动机迅速缓解，这种操作就叫作再缓解。

（二）直通制动与自动制动

直通制动是指被控压缩空气增压使制动缸增压，产生制动作用，反之减压就产生缓解作用。如空气制动机的单独制动阀和DK-1型电空制动机的空气制动阀就属于直通制动。

自动制动正好与直通制动相反，当被控压缩空气减压时制动缸反而增压产生制动作用，而增压时产生缓解作用。如空气制动机的自动制动阀和DK-1型电空制动机的电空制动控制器就属于自动制动。

（三）过量供给及自然制动

误操作或制动机某些部件发生故障造成列车管实际压力超过规定压力的现象称为过量供给。

发生过量供给后（制动机故障除外），若盲目地将制动机操作手把移回运转位，列车管和副风缸得不到总风缸高压空气的继续补充，列车管因自然泄漏，压力将会逐渐下降。当列车管压力低于副风缸压力一定值后，三通阀主活塞将移动到制动位，使车辆制动机产生制动作用，这种制动叫作自然制动。自然制动极易引起列车途（坡）停事故。

（四）列车管最小减压量与最大有效减压量

列车管最小减压量是指减压量在该数值以下时，将可能使机车、车辆制动缸不产生制动作用。机车分配阀主阀部主活塞两侧的压力差不能克服稳定弹簧的反力（JZ-6 和 JZ-9 型分配阀为均衡活塞胀圈摩擦阻力）和滑阀与滑阀座之间的摩擦阻力，活塞不能移动，工作风缸（JZ-6 和 JZ-9 型分配阀为压力室）的压力空气还将逆流到列车管。如果长时间多次小量减压，即使工作风缸（压力室）的压力空气全部流入列车管，机车也还会产生制动作用。为了克服机车分配阀稳定弹簧的反力（JZ-6 和 JZ-9 型分配阀为均衡活塞胀圈摩擦阻力）以及滑阀与滑阀座之间的摩擦阻力所需的减压量，称为机车的最小减压量。机车常用制动时的最小减压量约为 40 kPa。车辆制动机的最小减压量，不仅要考虑三通阀主活塞胀圈及滑阀的摩擦阻力，还必须考虑在制动时制动缸活塞外移而在制动缸内形成的局部真空，初制动时要补充至 100 kPa 的压力空气，才能和制动缸活塞背面的大气压相平衡，同时还要考虑制动缸缓解弹簧的反拨力所造成的影响。机车和客车的最小减压量为 40 kPa，货车的最小减压量为 50 kPa。

机车、车辆的制动缸压力是随着列车管减压量的增加而增加的，最大有效减压量是指分配阀或三通阀在常用制动时，制动缸的压力在压力平衡过程中获得最大值时对应的列车管减压量。列车管减压量超过此值后，制动缸压力还会再增加。由于列车管定压不同，其最大有效减压量也不相同。列车管压力为 500 kPa 及 600 kPa 时，对应的最大有效减压量分别为 140 kPa 及 170 kPa。

（五）制动机的稳定性、安定性与灵敏度

稳定性是指列车管减压速率低于某一数值时，制动机不应产生制动作用的性能。即要使制动机产生制动作用，除要有一定的减压量外，还需要有一定的减压速率，两者缺一不可。当列车管减压速率或泄漏小于 40 kPa/min 时，制动机不应产生制动作用，这就是对制动机的稳定性要求。

安定性是指常用制动时不发生紧急制动作用的性能。即当列车管减压速率在 10～40 kPa/s 范围内时，制动机不应产生紧急制动作用，这就是对制动机的安定性要求。

灵敏度是指列车管减压速率达到一定数值范围时，制动机必须产生制动作用的性能。即减压速率为 10～40 kPa/s 时，制动机应产生常用制动作用，这就是常用制动的灵敏度；当列车管减压速率达到 70 kPa 以上时，制动机应产生紧急制动作用，这就是紧急制动灵敏度。

（六）制动波速与缓解波速

司机对列车施行制动操作后，列车中的制动机的制动作用不是同时发生的，而是一个沿

列车长度方向由前及后依次传播的过程，习惯上称之为"制动波"。其传播速度叫作"制动波速"。制动波速按下述试验公式计算：

$$\omega_z = \frac{L}{t_z} \quad (\text{m/s})$$

式中　L——列车管长度（m）；
　　　t_z——制动作用传播时间，即自司机移动制动阀手把到制动位起至列车最后一辆车的制动缸开始升压时止所用的时间（s）。

制动波速ω_z与列车长度及制动机的作用性能有关，不同的制动机有不同的制动波速。由于制动方式的不同，制动波速分为常用制动波速和紧急制动波速。目前国内制动机的常用制动波速为60～180 m/s，而紧急制动波速为150～250 m/s。

当司机移动制动阀至运转位充气时，充气缓解作用也是一个由前及后的传播过程，通常称为"缓解波"。缓解波的传播速度被称为"缓解波速"。缓解波速也是按试验公式计算的，即

$$\omega_H = \frac{L}{t_H} \quad (\text{m/s})$$

式中　L——列车管长度（m）；
　　　t_z——缓解作用时间，即自移动制动阀到运转位起至列车最后一辆车的制动缸开始降压时止所用的时间（s）。

（七）二压力机构制动机与三压力机构制动机

凡是根据两种压力之间的变化来控制三通阀或分配阀主活塞的动作，实现制动、缓解与保压作用的制动机，称为二压力机构制动机。如GK型三通阀主活塞两侧的压力空气分别来自列车管与副风缸，109型分配阀的主阀活塞两侧的压力空气分别是列车管和工作风缸。这种制动机具有一次缓解功能，不具备阶段缓解功能，当列车管充风至其压力高于副风缸或工作风缸一定值时，就推动三通阀（或分配阀）主活塞至充气缓解位，直至实现制动机的完全缓解为止，如图1-3-1所示。

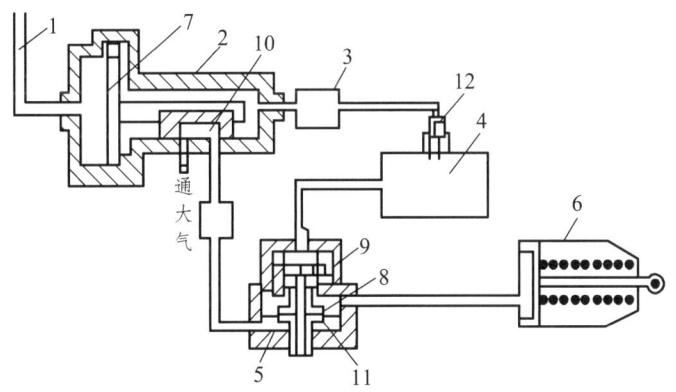

图1-3-1　二压力机构分配阀作用示意图
1—列车管；2—分配阀；3—工作风缸；4—副风缸；5—中继阀；6—制动缸；7—主活塞；8—均衡活塞；9—均衡阀；10—滑阀；11—容积室；12—止回阀

为适应铁路运输发展的需要，制动机应具备阶段缓解性能与自动补风性能。因此，目前对分配阀进行了改造，即根据三种压力之间的变化来控制分配阀主活塞的动作，实现制动、缓解与保压作用的制动机，称为三压力机构制动机。这种制动机在主活塞上除保留列车管与工作风缸的作用外，另增加制动缸压力的作用。国产 JZ-7 型、美国生产的 26-L 型制动机为三压力机构制动机。三压力机构分配阀的作用原理如图 1-3-2 所示。

列车管充气时，二压力机构制动机比三压力机构制动机缓解得快些，为了满足二压力机构制动机与三压力机构制动机混编的需要，通常在三压力机构制动机上加装转换装置，将其转换成二压力机构来使用。JZ-7 型和 26-L 型制动机就属于二、三压力可调式制动机，其作用原理如图 1-3-3 所示。

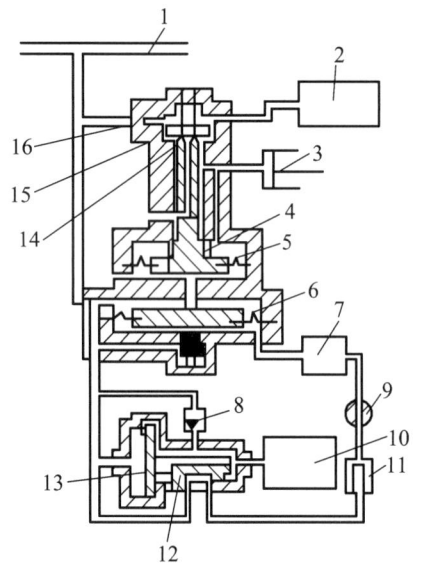
图 1-3-2 三压力机构分配阀作用示意图
1—列车管；2—分配阀；3—副风缸；4—制动缸；5—弹簧；6—小膜板；7—大膜板；8—工作风缸

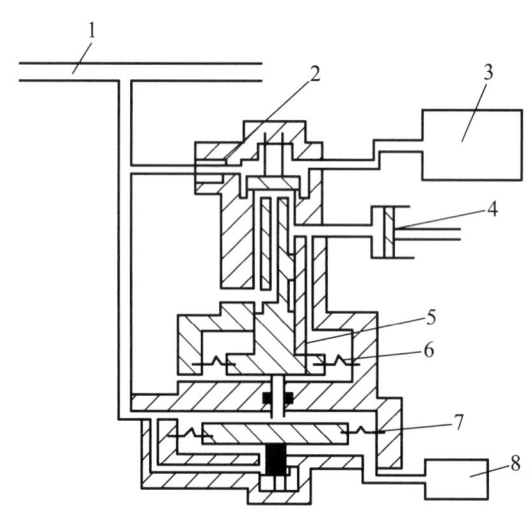
图 1-3-3 二、三压力可调式分配阀作用示意图
1—列车管；2—副风缸；3—制动缸；4—弹簧；5—小活塞；6—大活塞；7—定压风缸；8—充气止回阀；9—转换塞门；10—工作风缸；11—止回阀；12—滑阀；13—活塞

二、列车制动时的纵向动力作用

对于空气制动机，在施行制动或缓解时所产生的空气波存在一个沿列车管长度方向由前向后扩散或传播的过程。列车越长，其前后部开始制动或缓解的时间差就越大。这种"沿列车长度的制动或缓解作用的不同时性"是列车制动或缓解时发生强烈纵向动力作用的主要原因。对于重载（或扩编）列车，这个问题尤为突出。

（一）制动阶段的划分及其性质

根据列车制动过程中各制动缸压力的变化及分布情况，整个制动过程可划分为四个阶段。

如图 1-3-4 所示为编组为 4 辆的列车制动时各制动缸的充风 $P-t$ 曲线。

第一制动阶段，自司机移动制动手柄至制动位开始到最后一辆车的制动缸压力开始上升的瞬间为止。在这个阶段，从列车前部第一辆开始，各车辆制动机逐次发生制动作用，制动缸压力及产生的制动力沿列车长度方向由前向后越来越小。因此，前部车辆减速度大，后部车辆减速度小，形成各车辆间的动能差。这个动能差引起列车各车辆从两端向中部挤压的相对运动。这种相对运动将动能差转换为车钩缓冲器弹簧的势能，使列车各车钩缓冲器的弹簧产生压缩作用，这种压缩称为静压缩。列车的

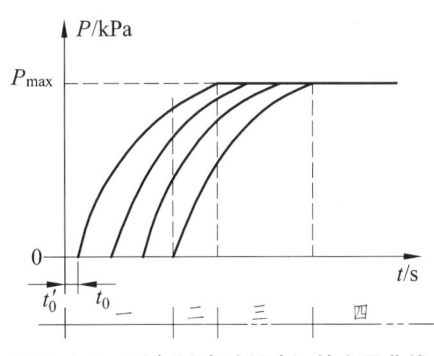

图 1-3-4　列车制动时制动缸的充风曲线

t_0—第一台制动发生制动作用的时间

这种压缩具有一定的作用速度，对外就表现为列车的纵向动力作用。当第二制动阶段终了时，压缩力达到最大值，车钩缓冲器弹簧到达新的静平衡位置，静压缩也达到最大值。

第二制动阶段，自最后一辆车的制动缸压力开始上升起到第一辆车的制动缸压力上升到最大值为止。在这个阶段，各车辆制动缸压力保持着第一阶段末形成的压力差按相同的速率上升，车钩缓冲器弹簧继续被压缩，形成动压缩。当第二阶段形成的动能差全部转换为势能时，动压缩达到最大值。在这之后车钩缓冲器弹簧开始伸张，引起列车的纵向动力振动。由于车钩缓冲器的摩擦阻力作用，这个动力振动将很快衰减而消失，但静压缩则仍保持不变。

第三制动阶段，自第一辆车的制动缸压力上升到最大值的瞬间起到最后一辆车的制功缸压力上升到最大值为止。在这个阶段，各车辆的制动缸压力逐渐趋于一致，第一制动阶段储存在车钩缓冲器弹簧中的静压缩势能逐渐释放出来，列车中各车辆在车钩缓冲器弹簧的反拨力作用下发生由列车中部向两端伸张的现象。这种伸张也具一定的作用速度，虽比压缩时的速度小，但也会引起列车纵向动力作用。这个冲动也会因车钩缓冲器的摩擦阻尼作用而很快衰减和消失。

第四制动阶段，自最后一辆车的制动缸压力上升到最大值时起，到列车完全停车或缓解为止。在这个阶段，各个车辆的制动机都产生了最大制动力。如果列车单位制动力分配均匀，则车辆之间不形成任何因制动而产生的作用力。如果列车单位制动力分配不均匀，就会有压缩力或拉伸力存在，同样会引起列车的纵向动力作用，当制动力达到最大值时，这种作用力也达到最大值。

实际运行中，在列车制动过程中的每一瞬间，各机车车辆具有不同的单位制动力，如果列车施行制动时是处在拉伸状态，则制动之初首先要消除这些车钩与车钩之间的自由间隙，这就必然会产生强烈的纵向动力作用，或发生强烈的纵向动力作用。

（二）产生动力作用的原因

列车制动时产生纵向动力作用的主要原因有三个：

（1）制动作用沿列车长度方向的不同时性，即列车前部制动形成得早，压力上升得快，后部则晚而慢。

（2）全列车制动缸的压力都达到指定值以后，单位制动力沿列车长度方向的不均匀分布。这是由列车中车辆类型和装载状态不同而造成的。

上述两个原因，使得列车中各车辆在制动过程中的每一瞬间都具有不同的单位制动力。如果没有车钩的连接，各车辆将按各自的减速度运行，但这是不可能的。组成列车的机车和车辆必须按同一减速度运行，具有相同的单位惯性力，因此，在各车辆间的车钩连接处，必然要产生相应的纵向动力作用。

（3）各车辆之间的非刚性连接使前两种原因产生的纵向动力作用更加剧烈。

为了缓和制动不同时性和单位制动力分布不均所造成的强烈纵向动力作用，每个车钩后面都装有可压缩的缓冲器，制动时可通过前丛板压缩缓冲器弹簧吸收和衰减纵向动力作用的能量，将它限制在允许的范围内。但这样一来，列车纵向的可压缩量也增大了。由于列车的这种压缩不是缓慢进行的，它具有一定作用速度，所以弹簧被压缩到静平衡位置时列车的压缩并未停止。当弹簧继续被压缩并达到动平衡位置时，列车压缩的相对运动的能量被用尽，弹簧和列车的压缩量才达到最大值，车钩受到的纵向力也才达到最大值。列车制动纵向动力作用，随列车长度的增加和制动力的增大而加剧。严重时它能导致车钩缓冲器装置折损和车体严重损坏。

（三）减小纵向动力作用的方法和途径

由于闸瓦摩擦系数随列车速度的降低而增大，在闸瓦压力相同的条件下，低速时制动冲击力更大。列车在拉伸状态下制动，其纵向冲击力比在压缩状态下大很多。

提高制动波速和延长制动缸充风时间都可以减轻列车制动时的纵向动力作用。提高制动波速同时可以缩短制动距离，但延长制动缸充风时间会导致制动距离延长。要想在不延长制动距离的条件下减轻制动时的纵向动力作用，首先要大力提高制动波速，同时科学地延长制动缸充风时间，如采用"先快后慢"的变速充风。同时也应该看到发展大吨位车辆比增加编组辆数对减轻制动冲动更为有利。

三、制动缸压力的计算

DK-1 型电空制动机是通过对列车管施行减压来实现全列车制动的，当对列车进行常用制动减压时，分配阀工作风缸的压力空气进入容积室和均衡室，均衡活塞上移顶开均衡阀，使总风缸压力空气进入制动缸，车辆副风缸的压力空气直接进入车辆制动缸，从而使机车、车辆制动缸都获得一定的压力空气而产生制动作用。

制动缸压力计算的依据是波义耳-马略特定律（简称波-马定律）。波-马定律指出，一定质量的气体在温度保持不变时，气体的压力（实指压强，以下同）与体积的乘积为一常量，即

$$pV = C$$

式中 p ——空气绝对压力；

V ——空气体积；

C ——常数。

或表述为气体膨胀（压缩）前的压力与体积的乘积等于膨胀（压缩）后的压力与体积的乘积，即

$$p_1 V_1 = p_2 V_2 = C$$

式中　p_1——变化前气体的绝对压力；
　　　V_1——变化前的气体体积；
　　　p_2——变化后气体的绝对压力；
　　　V_2——变化后的气体体积。

（一）常用制动时机车制动缸压力的计算

常用制动时，机车分配阀工作在常用制动位，工作风缸的压力空气进入容积室（含均衡室），机车制动。当列车管减压量一定时，根据波-马定律就可算出容积室也就是制动缸的压力。

设：p' 为列车管绝对压力（kPa），p 为列车管表压力（kPa），p_r' 为容积室（制动缸）绝对压力（kPa），p_r 为容积室（制动缸）表压力（kPa），r 为列车管减压量（kPa），V_{gh} 为工作风缸缓解状态容积（L），V_{gz} 为工作风缸制动状态容积（L），V_{rh} 为容积室缓解状态容积（L），V_{rz} 为容积室制动状态容积（L）。

根据波-马定律有：

$$V_{gh} p' + 100 V_{rh} = V_{gz}(p' - r) + V_{rz} p_r'$$

由上式可得：

$$p_r' = \frac{V_{gz} r + 100 V_{rh} - (V_{gz} - V_{gh}) p'}{V_{rz}}$$

$$p_r = \frac{V_{gz} r + 100 V_{rh} - (V_{gz} - V_{gh}) p'}{V_{rz}} - 100$$

在 DK-1 型电空制动机中，$V_{gh} = 12.39$ L，$V_{gz} = 12.49$ L，$V_{rh} = 3.85$ L，$V_{rz} = 3.91$ L，代入上式最终可得：

$$p_r = 3.17 r - \frac{100}{3911} p' - 1.5$$

如果考虑到分配阀稳定弹簧、均衡阀弹簧的作用和工作风缸压力空气向列车管逆流等因素的影响，实际计算时，上式一般定为：

$$p_r = 2.6 r \text{（kPa）}$$

（二）常用制动时车辆制动缸压力的计算

常用制动时，车辆副风缸的压力空气直接进入制动缸。进入制动缸的空气量等于副风缸的送出量，副风缸送出压力空气后的压力与列车管内的空气压力保持平衡。

设：p' 为列车管绝对压力（kPa），p_z' 为制动缸绝对压力（kPa），p_z 为制动缸表压力（kPa），r 为列车管减压量（kPa），V_f 为副风缸容积（L），V_z 为制动后制动缸容积（L）。

根据波-马定律有：

$$p'V_f = (p'-r)V_f + p'_zV_z$$

化简后得：

$$p_z = \frac{V_f}{V_z}r - 100$$

考虑车辆制动机空气通路所占有的容积和泄漏等因素，副风缸与制动缸的容积比按 3.25∶1 计算，故车辆制动缸压力按下式进行计算：

$$p_z = 3.25r - 100 \text{（kPa）}$$

四、最小有效减压量及最大有效减压量的确定

（一）DK-1 型电空制动机最小减压量的确定

DK-1 型电空制动机的最小减压量由均衡风缸向初制动风缸匀压自动形成。

电空制动控制器手把由运转位移至制动位，缓解电空阀 258 和制动电空阀 257 失电释放，均衡风缸分两路减压：一路经缩孔 d_4 向初制动风缸匀压，另一路经缩孔 d_3 和制动电空阀 257 上阀口排入大气。均衡风缸减压达到 20 kPa，压力开关 209 动作后，就将电空制动控制器手把移回中立位，让制动电空阀 257 得电吸合关闭排气口，均衡风缸压力便停止下降。在此过程中，如果忽略均衡风缸经电空阀 257 上阀口排气的影响，就得到下面的结论：均衡风缸和初制动风缸压力均衡时，均衡风缸压力的减小值就是 DK-1 型电空制动机的最小减压量。

设：V_j 为工作风缸缓解状态容积（L），V_c 为工作风缸制动状态容积（L），p' 为均衡风缸定压时的绝对压力（kPa），p 为均衡风缸定压时的表压力（kPa），p'_j 为均衡风缸与初制动风缸压力平衡时的绝对压力（kPa），r_{min} 为均衡风缸（列车管）最小减压量（kPa）。

根据波-马定律有：

$$p'V_j + 100V_c = p'_j(V_j + V_c)$$

$$p'_j = \frac{p'V_j + 100V_c}{V_j + V_c}$$

$$r_{min} = p' - p'_j = \frac{p'V_c - 100V_c}{V_j + V_c}$$

将 $p' = p + 100$ 代入上式得：

$$r_{min} = \frac{pV_c}{V_j + V_c} \text{（kPa）}$$

DK-1 型电空制动机货车位操纵时，$p = 500$ kPa，$V_j = 5.7$ L，$V_c = 0.56$ L，代入上式可得 $r_{min} = 44.7$ kPa。考虑减压初期制动电空阀 257 排气的影响，最小减压量可达 50 kPa。

DK-1 型电空制动机客车位操纵时，$p = 600$ kPa，$V_j = 5.7$ L，$V_c = 0.36$ L，代入上式可得 $r_{min} = 35.6$ kPa。考虑减压初期制动电空阀 257 排气的影响，最小减压量可达 40 kPa。

（二）DK-1 型电空制动机最大减压量的确定

由机车、车辆制动缸压力与列车管关系式 $p_r = 2.6r$ 和 $p_z = 3.25r - 100$ 可知，制动缸压力随列车管减压量成正比增加。但是，当列车管减压量达到一定限度时，制动缸将获得常用制动时的最大压力，超过此限度，即使再加大列车管减压量，制动缸压力也不会再增加。把制动缸获得最大压力时的列车管减压量叫作列车管最大有效减压量，用 r_{max} 表示。DK-1 型电空制动机施行制动，工作风缸压力空气进入分配阀容积室（含均衡室）。当容积室压力上升到与工作风缸剩余压力相等时，工作风缸压力空气就不再继续流入容积室，此时工作风缸与容积室压力达到平衡，这个压力称为均衡压力。工作风缸和容积室压力均衡时列车管的减压量就是最大有效减压量。显然，列车管最大减压量等于列车管定压与均衡压力的差。

设：p' 为列车管绝对压力（kPa），p 为列车管表压力（kPa），p_1' 为均衡绝对压力（kPa），p_1 为均衡表压力（kPa）；V_{gh} 为工作风缸缓解状态容积（L），V_{gz} 为工作风缸制动状态容积（L），V_{rh} 为容积室缓解状态容积（L），V_{rz} 为容积室制动状态容积（L）。

根据波-马定律有：

$$p'V_{gh} + 100V_{rh} = p_1'(V_{gz} + V_{rz})$$

$$p_1' = \frac{p'V_{gh} + 100V_{rz}}{V_{gz} + V_{rz}}$$

$$p_1 = \frac{(p+100)V_{gh} + 100V_{rz}}{V_{gz} + V_{rz}} - 100$$

$$r_{max} = p' - p_1' = p - p' = \frac{p'(V_{gz} - V_{gh} + V_{rz}) - 100V_{rh}}{V_{gz} + V_{rz}}$$

$$= \frac{(p+100)(V_{gz} - V_{gh} + V_{rz}) - 100V_{rh}}{V_{gz} + V_{rz}} \text{（kPa）}$$

实际运用中为简化计算，一般采用经验公式 $p_r = 2.5r$ 导出均衡压力公式。

$$2.5p = (2.5+1)p_1$$

$$p_1 = \frac{5}{7}p \text{（kPa）}$$

$$r_{max} = p - p_1 = \frac{2}{7}p \text{（kPa）}$$

如果容积室原有表压力 p_{rj}，均衡压力和最大有效减压量应按以下公式计算：

$$2.5p + p_{rj} = (2.5+1)p_1$$

$$p_1 = \frac{5p + 2p_{rj}}{7} \text{（kPa）}$$

$$r_{max} = p - p_1 = \frac{2}{7}(p - p_{rj}) \text{（kPa）}$$

下篇 项目实训

项目一 电空制动控制器的检修与维护

一、项目要求

项目任务：对 SS$_3$ 4000 系电力机车 TKS13 型电空制动控制器进行解体、检修、维护与组装。
时间要求：教学学时为 4 课时。
质量要求：符合成都铁路局电力机车电器检修质量验收相关标准和技术规程。
安全要求：严格按照安全操作规程进行项目作业。
文明要求：自觉按照文明生产规则进行项目作业。
环保要求：努力按照环境保护要求进行项目作业。

 理论链接 1：电空制动控制器的作用

电空制动控制器是 DK-1 型电空制动机的操纵控制部件，用来控制主控系统的电空阀，进而控制气路的开通与截断，实现全列车的制动、缓解和保压。电空制动控制器在原理图上的代号为 1 或 1AC（Ⅰ端）、2 或 2AC（Ⅱ端）。

 理论链接 2：电空制动控制器的结构及技术参数

电空制动控制器由操纵手把、凸轮轴、静触头、定位机构、面板、底板等组成，如图 2-1-1 所示。凸轮轴由装在转轴上的不同形状的凸轮（动触头）构成，每一个凸轮可与两个对应的静触头构成两个独立的触头组。转轴的上部与控制手把相连，下部受定位机构的控制。定位机构由棘轮、杠杆和弹簧等组成，它利用有缺口的棘轮和具有弹簧张力的滚轮杠杆实现定位作用，从而保证电空制动控制器手把可靠地停留在各个工作位置上。静触头由触头座、触指、弹簧、出线座、软连接片和调节螺钉组成，它与动触头相互配合，对控制电路的通、断进行控制。

电空制动控制器其实就是一个组合开关。当其处于各个不同位置时，不同的开关闭合，使相应的电空阀得电开通控制气路，另外的电空阀便处于失电状态，关闭其他的控制气路，从而使制动机产生不同的作用。电空制动控制器一共有 6 个工作位置，不同工作位置的触头闭合情况如图 2-1-1 所示。

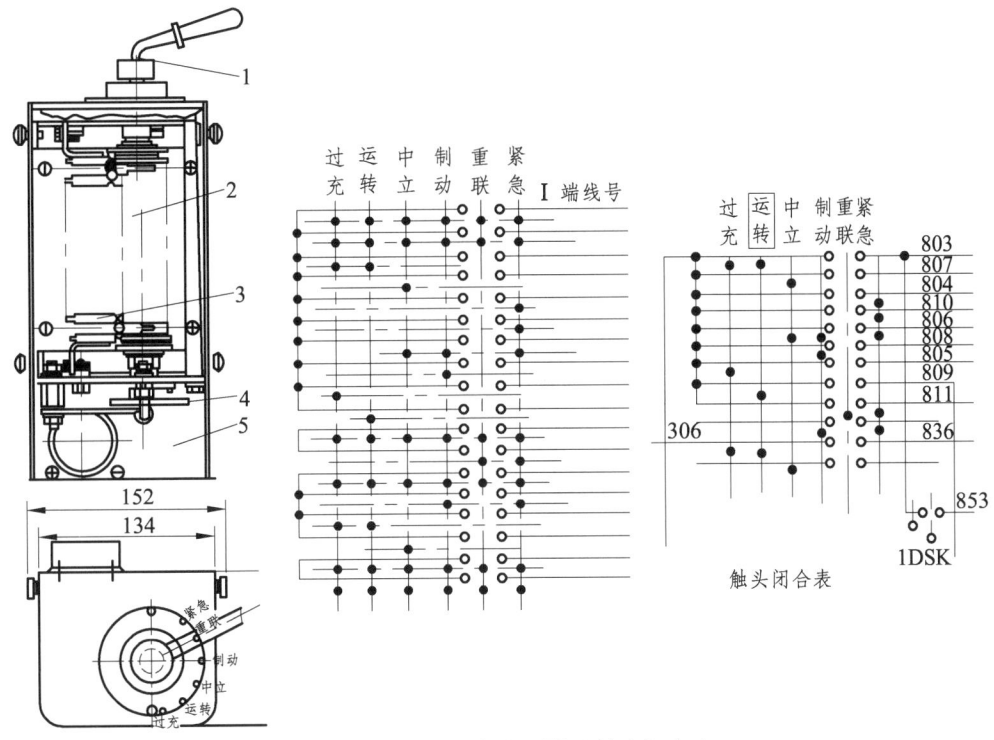

图 2-1-1 电空制动控制器及触头闭合表

1—操纵手柄；2—凸轮轴组装；3—静触头；4—定位机构；5—底板

该电空制动控制器技术的参数如表 2-1-1 所示。

表 2-1-1 电空制动控制器的技术参数

额定电压/V	额定电流/A	触头开距/mm	触头超程/mm	触头初压力/N	触头终压力/N	手柄操纵力/N
DC 110	10	>2.5	1～3	1～3	2～4	≤50

 理论链接 3：电空制动控制器在各工作位置的作用

电空制动控制器共有 6 个工作位置，按逆时针方向排列依次为过充位、运转位、中立位、制动位、重联位和紧急位。

（1）过充位：使车辆迅速缓解、机车保持制动所使用的位置。在过充位时，缓解电空阀得电，开通调压阀至均衡风缸的通路，通过中继阀使列车管压力达到定压，车辆缓解。同时过充电空阀得电，总风缸管与过充管相通，中继阀过充活塞在总风缸压力的作用下顶住中继阀主活塞，使列车管的充气压力比定压高 30～40 kPa。

（2）运转位：列车正常运行使机车、车辆都缓解所使用的位置。在运转位时，缓解电空阀得电，列车管充风，车辆缓解。同时排风电空阀得电，分配阀容积室通大气，机车呈缓解状态。

（3）中立位：准备制动和制动后使机车、车辆均保持制动状态所使用的位置。在中立位时，中立电空阀得电，列车管补风源被截断，为施行制动做好准备。同时制动电空阀得电，关闭均衡风缸排气口，使均衡风缸不能减压，在制动后使机车、车辆保持一定的制动力。

（4）制动位：正常情况下使列车减速或停车，即机车、车辆都产生制动作用所使用的位置。在制动位时，缓解电空阀失电，均衡风缸的压力空气经制动电空阀的排气口排除，列车管压力下降，机车、车辆产生制动作用。同时中立电空阀得电，中继阀的总风遮断阀处于关闭状态，截断列车管补风源。

（5）重联位：使重联机车的制动和缓解受本务机车控制所使用的位置。在重联位时，重联电空阀、制动电空阀都得电，重联机车均衡风缸排风口关闭，中继阀处于自锁状态，列车管压力的升降受本务机车控制。

（6）紧急位：使列车迅速停车所使用的位置。紧急位时，电动放风阀电空阀、中立电空阀、重联电空阀、制动电空阀、撒砂电空阀得电，使列车管压力迅速下降，机车、车辆产生紧急制动作用。

二、项目分析

电空制动控制器是 DK-1 型电空制动机的操纵控制部件，通过电空阀沟通或截断相应空气管路，最终控制制动管充风、排风与保压，实现列车的制动、保压与缓解。电空制动控制器的技术指标及性能是否符合要求关系到列车运行的安全与否。

电空制动控制器的常见故障主要有圆鼓磨耗超限、弹簧老化、胶木座和导电片断裂等。

三、项目实施的路径与步骤

（一）项目实施路径

第一步	检修前准备
第二步	检修前检查
第三步	清洗
第四步	检修
第五步	试验

（二）项目实施步骤

 理论链接 4：基本技术要求

（1）基本数据：

额定电压为 110 V，额定电流为 5 A；

触头开距大于 2.5 mm，触头超程为 1~3 mm；

触头初压力为 1~3 N，触头终压力为 2~4 N；

绝缘电阻不小于 5 MΩ（用 500 V 兆欧表测量）；

触头接线长度不小于 3 mm；

圆鼓磨耗深度不大于 0.2 mm。

（2）触头与圆鼓清洁，接触良好，胶木件及导电片无断裂。

（3）触头压力（接触电阻）、开距、超程均符合限度规定，圆鼓磨耗深度不得超限。触指厚度不得小于原形的 2/3。

（4）机械联锁各部无裂损、松旷及异常磨耗，各穿销配合良好，定位螺栓不得松动，弹簧无断裂及永久变形。

（5）清洁度应符合电力机车清洁度标准要求。

步骤一：检修前准备。（图 2-1-2）

（1）将 TKS13 型电空制动控制器移至作业平台。

（2）旋松外罩上的紧固螺帽并取下外罩，检查外罩有无变形，铭牌是否完整、清晰，并用毛刷清扫各部灰尘。

要求：外观检查无明显积尘。

工具及材料：8-10 开口扳手、8-10 梅花扳手。

步骤二：检修前检查。（图 2-1-3）

对各触头、凸轮磨耗程度，触头开距、超程，以及胶木座和转轴进行检查。

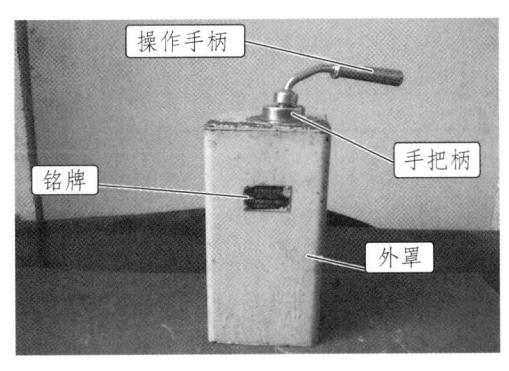
图 2-1-2

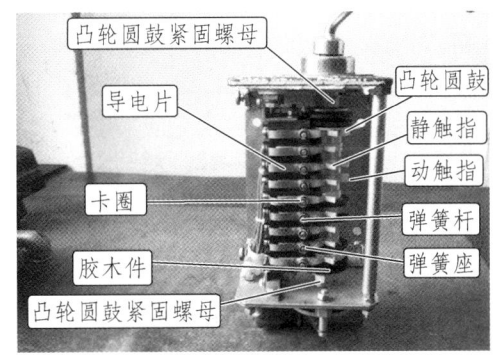
图 2-1-3

步骤三：清洗。

用汽油清洗定位机构，用酒精清洗各导线导电片及胶木座。（注意：使用汽油、酒精等易燃物品清洗配件时，必须做好安全防护，防止火灾隐患。）

要求:清洁度符合技术要求。

工具及材料:汽油、酒精、白布、清洗盘。

步骤四:检修。(图 2-1-4)

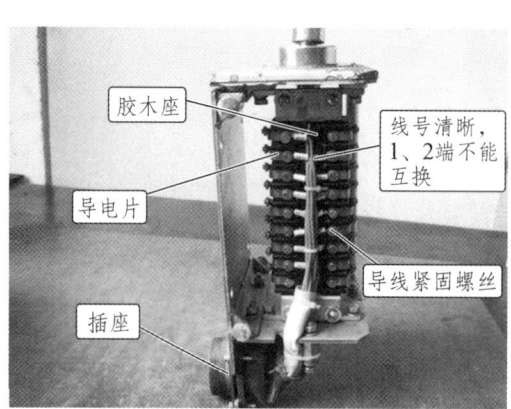

图 2-1-4

① 检查圆鼓的磨耗状态。

② 检查各弹簧。

③ 检查胶木座及导电片。

④ 对于插头座、端子排、线束按相应检修工艺进行检修。

要求:

① 更换破损的绝缘件。圆鼓磨耗超过 0.2 mm 的,应更换或解体后焊修;小于 0.2 mm 的,应用锉刀锉修。用 500 V 兆欧表测量圆鼓对轴的绝缘电阻应不小于 5 MΩ。

② 各弹簧无断裂及永久变形,机械各部无裂损及异常磨耗。

③ 触指无断裂,触头厚度不小于原形的 2/3。

工具及材料:锉刀、500 V 兆欧表。

步骤五:试验。

(1) 用 500 V 兆欧表测量相互绝缘的带电部分之间及对地的绝缘电阻,应不小于 10 MΩ。

(2) 检查手柄在手柄座内的动作是否灵活,配合不能过旷,手柄只能在重联位时才能取出。

(3) 在 DK-1 型电空制动机试验台上按表 2-1-2 检查各触头闭合情况(手柄在相应位置时,试验台上相应的指示灯应亮)。

工具及材料:DK-1 型电空制动机试验台。

表 2-1-2 电空制动控制器试验

工 步	作业要领	质量标准
1. 准备	将电空制动控制器及空气制动阀连线与试验台的插头座相连接,闭合试验电源,将空气制动阀置于"电空位"	—
2. 紧急位	扳动电空制动控制器手柄至紧急位	线号屏 801、804、810、806、811(Ⅱ端 821)显示
3. 重联位(Ⅱ端需按压按钮 811)	扳动电空制动控制器手柄至重联位	线号屏 801、811(Ⅱ端 821)显示

续表 2-1-2

工　步	作业要领	质量标准
4. 制动位	扳动电空制动控制器手柄至制动位	线号屏 801、806、808 显示
5. 中立位	扳动电空制动控制器手柄至中立位	线号屏 801、806、807 显示
6. 运转位	闭合 809 按钮，扳动电空制动控制器手柄至运转位	线号屏 801、803、809、818、836 显示
7. 过充位	扳动电空制动控制器手柄至过充位	线号屏 801、803、805、836 显示

四、项目实施

1. 劳动组织形式

学生每 3~4 人组成一个工作小组，各小组制订出实施方案及工作计划。组长协助教师指导本组学生学习，检查项目实施进程和质量，制订改进措施，共同完成项目任务。

2. 工具及材料准备

（1）作业工具：电烙铁、电气钳工常用工具、万用表、兆欧表（500V）。
（2）作业材料：清洗剂、白布、6#机油、松香、焊锡、纱布。
（3）设备：DK-1 型电空制动机试验台。

3. 作业要求

（1）正确着装，穿戴好劳动保护用品。
（2）正确使用工、卡、量具。
（3）注意自身安全及他人安全，严禁违章作业。

4. 项目评价

按时间、质量、安全、文明、环保要求进行考核。学生先按照表 2-1-3 进行自评，在自评的基础上，由本组的同学互评，最后由教师进行总结评分。

表 2-1-3　项目考核评价表

项目要求	考核标准	考核结果
（1）时间要求	（1）不超过规定时间	（1）有一项不符合要求即不合格；
（2）质量要求	（2）检修、维护质量符合标准	
（3）安全要求	（3）符合安全操作规程	
（4）文明要求	（4）做到文明"生产"	（2）合格成绩为 60 分
（5）环保要求	（5）检修过程符合环保要求	
项目作业		40 分
成　绩		

注：如出现重大安全、文明、环保事故，则本项目（单元）考核记为不合格。

五、项目实施过程中的注意事项

（1）电空制动控制器触头的检修：

① 对电空制动控制器进行日常检修时，应注意检查触头内部及滚轮架（包括滚轮滚动）的动作是否灵活、可靠，否则应在触头滚轮轴芯及滚轮架轴芯部分加少许稀6#机油，以增加触头动作的灵活性。

② 电空制动控制器使用的触头如有严重烧损或动作不灵活者，应更换触头。更换时，注意触头型号和触头滚轮的安装方向。

③ 应定期检测触头的接触电阻。采用低电阻测试仪（如固纬 GOM-801G）测量，测量电流应不小于 1 A。触头的接触电阻应小于 500 mΩ。如果接触电阻较大，可按图 2-1-5 所示电路接线，分断 1 A 左右、时间常数 τ 为 20～50 ms 的感性电流负载，用分断弧光清除表面氧化膜，以减小接触电阻。

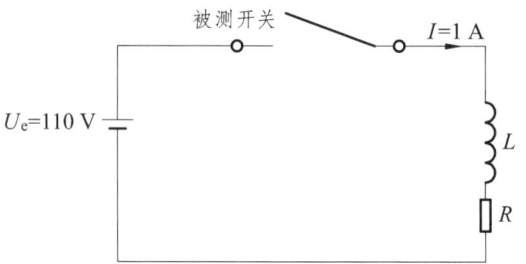

图 2-1-5　清除触头表面氧化膜电路图

（2）若是由机械原因造成的故障，需对电控制动器进行拆卸，应注意以下几点：

① 弹片组件安装的倾斜程度，可调整手把的操作力大小。在保证电控制动器动作可靠的情况下，手柄应操作轻便、灵活。

② 凸轮是产品出厂前整定好的组件，在拆装时不要随意拆开。

③ 为保证电控制动器对外的连接无误，在检修、拆装时，应注意电控制动器对外的连接。

（3）用汽油清洗部件时，严禁使用明火或吸烟，并注意室内通风情况。

六、项目作业

完成 SS₃4000 系电力机车 TKS13 型电空制动控制器检修与维护的学习任务单。

项目二　空气制动阀的检修与维护

一、项目要求

项目任务：对 SS₃ 4000 系电力机车 DK-G 型空气制动阀进行解体、检修、维护与组装。
时间要求：教学学时为 6 课时。
质量要求：符合成都铁路局电力机车电器检修质量验收相关标准和技术规程。
安全要求：严格按照安全操作规程进行项目作业。
文明要求：自觉按照文明生产规则进行项目作业。
环保要求：努力按照环境保护要求进行项目作业。

理论链接 1：DK-G 型空气制动阀的作用

空气制动阀主要用于单独操纵机车的制动与缓解，即通过直接控制分配阀容积室的压力变化来独立地控制机车制动缸压力的升降。在电空控制部分出现故障时，通过"电—空"转换扳钮将空气制动阀由"电空位"操作转到"空气位"操作后，空气制动阀就能直接控制均衡风缸的压力，通过中继阀对全列车的常用制动和缓解进行控制。

二、项目分析

空气制动阀也称单阀，在电空位操作时控制机车的制动、保压与缓解，在空气位操作时控制列车的制动保压与缓解。它的技术指标及性能是否符合要求关系到列车运行的安全与否。
空气制动阀的常见故障有：
① 小闸上闸慢。其主要原因是作用柱塞缺油、作用柱塞弹簧不符合尺寸要求、转换柱塞转换不到位。
② 运行中有失电现象。其主要原因是接线不牢固、微动开关接触电阻太大。
此外，空气制动阀的故障还包括各柱塞"O"形圈老化、弹簧变形、凸轮磨耗拉伤、顶杆变形锈蚀、柱塞拉伤、偏磨变形、微动开关接线和接点不良等。

理论链接 2：DK-G 型空气制动阀的结构

空气制动阀主要由操纵手把、转轴、作用凸轮、作用柱塞、转换柱塞、定位凸轮、定位柱塞、排风阀、电气联锁以及阀体、凸轮盒、管座等组成，如图 2-2-1 所示。

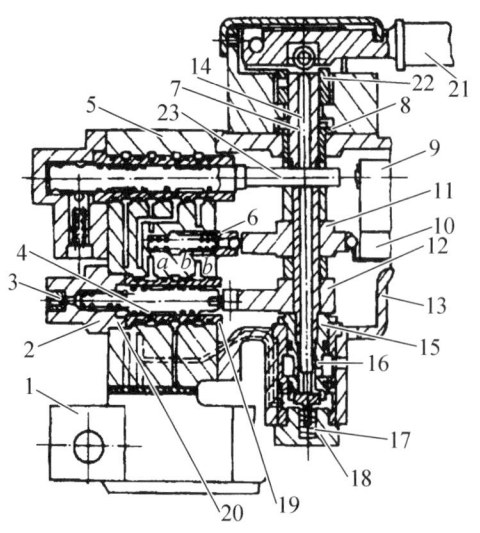

图 2-2-1　空气制动阀结构示意图

1—阀座；2—作用柱塞端盖；3—排风堵；4—作用柱塞；5—阀体；6—定位柱塞；7—转轴；8—轴承套；9—双断点微动开关；10—单断点微动开关；11—定位凸轮；12—作用凸轮；13—凸轮盒；14—顶杆；15—单缓阀座；16—单缓阀；17—单缓阀弹簧；18—螺盖；19—作用柱塞阀套；20—作用柱塞弹簧；21—操纵手柄；22—操纵手柄座；23—电空转换柱塞

转轴为空心方轴，上与手把座相连，下与排气阀相连，方轴外部套有作用凸轮和定位凸轮。定位凸轮的作用有两个：一是与定位柱塞组成定位机构，保证空气制动阀手把能可靠地停留在各个工作位置上；二是控制电气联锁开关，构成电控环节。作用凸轮控制作用柱塞的运动，实现对气路的控制。

空气制动阀有两个柱塞阀，处于空气制动阀上部的是转换柱塞阀，它不受操纵手把的控制，而是由设在阀左侧的转换扳钮来控制的。转换柱塞有两个工作位置——"电空位"和"空气位"。转换柱塞处于不同位置时，不仅控制气路不同，而且使控制电路发生了变化。作用柱塞位于空气制动阀的下部，它的运动受作用凸轮的升程、降程，也就是说受操纵手把的控制。

排风阀是为单独缓解机车的制动，特别是在"空气位"操纵时单独缓解机车的制动而设置的，当按压空气制动阀手把时，排风阀就能打开。

电气联锁是为适应电空制动而特别设置的。管座既是空气制动阀的安装座，也是空气管路的连接座。管座上设有三根管子，它们是1#调压阀管、2#作用管、3#均衡风缸管。

 理论链接3：DK-G型空气制动阀电空位的作用原理

电空位为空气制动阀的正常工作位置，用于单独控制机车的制动和缓解，有四个工作位置：缓解位、运转位、中立位和制动位。空气制动阀在电空位时，转换柱塞处于左极端位置，作用管经转换柱塞右侧凹槽与作用柱塞通路相连，均衡风缸管与作用柱塞间的联络通路则被转换柱塞上的"O"形橡胶圈阻断，微动开关471（472）因未受转换柱塞压缩而处于闭合状态，接通外部控制电路，如图2-2-2所示。

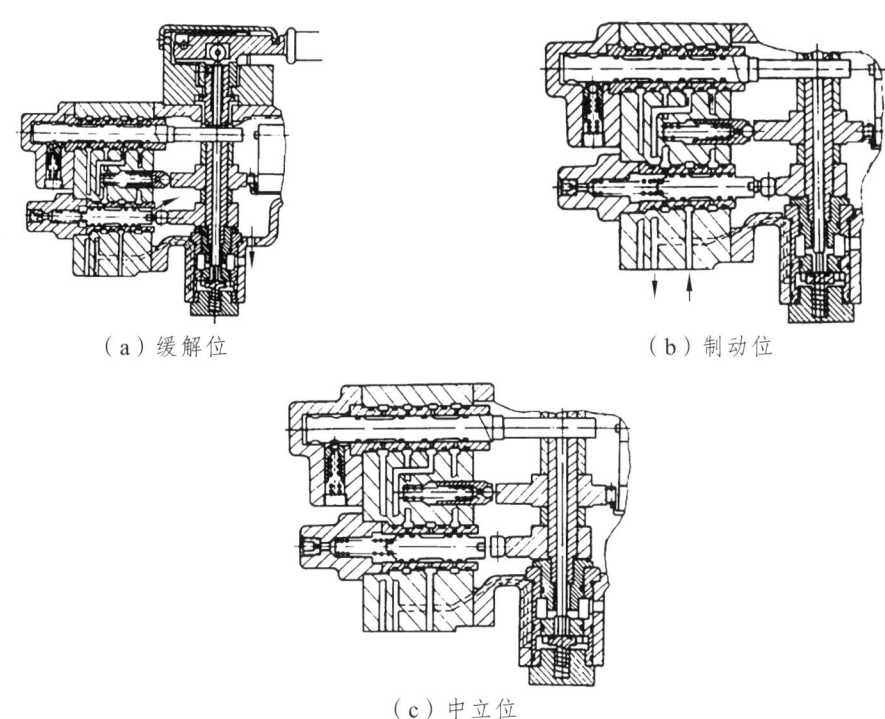

图 2-2-2　空气制动阀作用原理（电空位）

1. 缓解位

空气制动阀移至缓解位时，作用柱塞凸轮有一最大升程，推动作用柱塞压缩柱塞弹簧移至左极端。作用柱塞右端环槽将作用管与大气沟通，使得作用管经转换柱塞凹槽→阀体暗道→作用柱塞右端环槽→凸轮盒与大气相通。分配阀容积室内压力空气经此通路排除，机车缓解，如图 2-2-2（a）所示。同时定位凸轮有一个降程，使受定位凸轮控制的微动开关 473（474）闭合，接通外部控制电路。

2. 制动位

空气制动阀移至制动位时，作用柱塞凸轮有一最大降程，作用柱塞在柱塞左侧弹簧反力的作用下右移至极端，右侧"O"形橡胶圈将作用管通大气的通路阻断，中部凹槽将调压阀管与作用管沟通，使得调压阀管经作用柱塞中部凹槽→阀体暗道→转换柱塞凹槽与作用管相通。总风缸压力空气由调压阀调整为 300 kPa 后经此通路进入分配阀容积室，机车产生制动作用，如图 2-2-2（b）所示。同时定位凸轮有一升程，使受定位凸轮控制的微动开关 473（474）动作，断开 254 排风 1 电空阀电路，关闭分配阀容积室的另一排气口。

3. 中立位

空气制动阀移至中立位时，作用柱塞在作用柱塞凸轮和作用柱塞弹簧的作用下处于中间位置，将调压阀管通作用管的通路以及作用管通大气的通路全部阻断，分配阀容积室压力既不上升，也不下降，机车呈保压状态，如图 2-2-2（c）所示。同时定位凸轮仍使微动开关 473（474）处于断开状态。

4. 运转位

空气制动阀处于运转位时，作用柱塞仍处于中间位置，控制气路和中立位完全相同，但定位凸轮使微动开关 473（474）处于闭合状态，254 排风 1 电空阀的得失电，即分配阀容积室压力的升降由电空制动控制器控制。

 理论链接 4：DK-G 型空气制动阀空气位的作用原理

空气位是空气制动阀的非正常工作位置，在电空控制部分出现故障时使用，具有控制全列车的常用制动和缓解的功能。空气制动阀在空气位时，转换柱塞处于右极端，均衡风缸管经转换柱塞左侧凹槽与作用柱塞通路相通，而作用管与作用柱塞之间的通路则被转换柱塞上的"O"形橡胶圈所阻断。微动开关 471（472）受转换柱塞压缩处于断开状态，使电空控制部分失去控制电源而不再起作用，如图 2-2-3 所示。

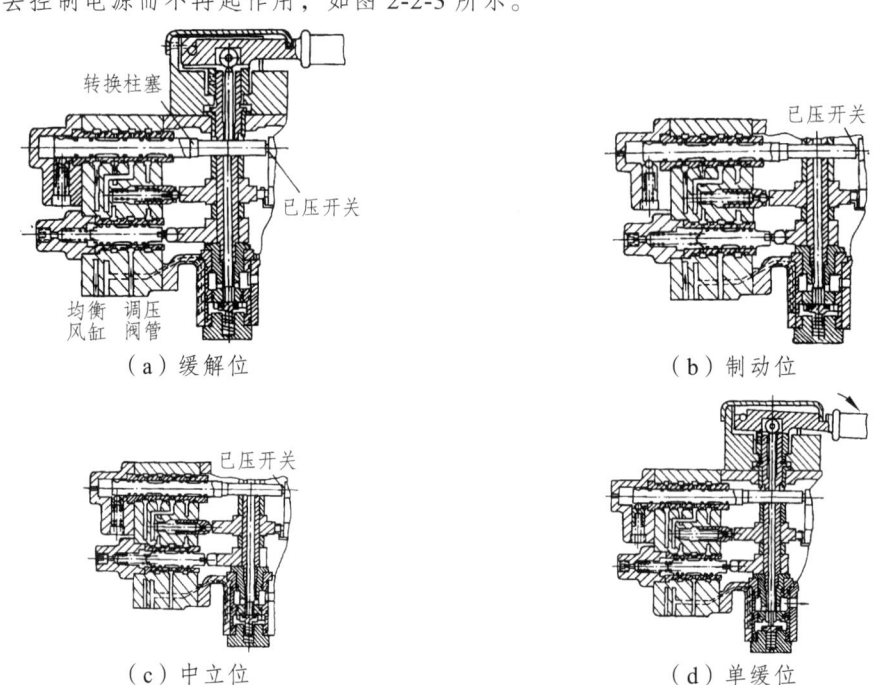

图 2-2-3 空气制动阀作用原理（空气位）

1. 缓解位

空气制动阀在缓解位时，作用柱塞凸轮有一最大升程，推动作用柱塞压缩柱塞弹簧移至左极端。柱塞中部凹槽将调压阀管和均衡风缸管沟通，总风缸压力空气经调压阀 53（54）→作用柱塞中部凹槽→阀体暗道→转换柱塞左侧凹槽→均衡风缸管送至均衡风缸，如图 2-2-3（a）所示。均衡风缸压力上升，通过中继阀使列车缓解。

2. 制动位

空气制动阀在制动位时，作用柱塞凸轮有一最大降程，作用柱塞在柱塞左侧弹簧反力的作用下右移至极端。柱塞中部"O"形橡胶圈将调压阀管与均衡风缸间的通路阻断，左端环槽将均衡风缸管与大气连通，均衡风缸压力空气经转换柱塞左侧凹槽→阀体暗道→作用柱塞左端环槽→缩口风堵排向大气，如图 2-2-3（b）所示。均衡风缸压力下降，通过中继阀使列车产生制动作用。

3. 中立位（或运转位）

空气制动阀在这两个位置时，作用柱塞在作用柱塞凸轮和作用柱塞弹簧的作用下处于中间位置，既阻断调压阀管与均衡风缸管之间的通路，又阻断均衡风缸通大气的通路，均衡风缸压力不上升也不下降，通过中继阀使列车管呈保压状态，如图 2-2-3（c）所示。同时定位凸轮仍使微动开关 473（474）处于断开状态。

4. 单缓位

空气位操纵使全列车产生制动作用以后若要单独缓解机车的制动，只能通过按压空气制动阀手把来实现，而不能直接将空气制动阀手把移至缓解位。按压空气制动阀手把时，作用管内的压力空气经空气制动阀下端的排气阀排向大气，从而使分配阀容积室压力下降，机车单独缓解，如图 2-2-3（d）所示。

三、项目实施的路径与步骤

（一）项目实施路径

第一步	分　解
第二步	清洗、检修
第三步	组　装
第四步	试验准备
第五步	作用风缸压力试验
第六步	均衡风缸压力试验
第七步	开关接线检查

（二）项目实施步骤

 理论链接 5：DK-G 型空气制动阀气路、电路关系

DK-G 型空气制动阀的气路、电路关系如图 2-2-4 所示。

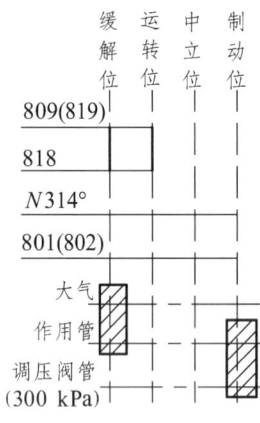
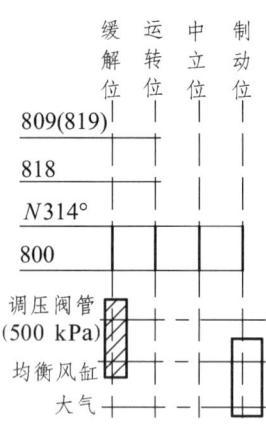

（a）电空位　　　　　　　　　　　　（b）空气位

图 2-2-4　空气制动阀气路、电路关系图

 理论链接 6：DK-G 型空气制动阀检修基本要求

（1）各部无泄漏，各作用位作用良好。
（2）更换橡胶件时，其规格、技术要求符合原型图纸要求。
（3）各部件清洁度符合"电力机车清洁度标准"，即外部为 Ⅱ 级，内部为 Ⅰ 级。
（4）各部试验应满足表 2-2-1 所列要求。

表 2-2-1　试验要求

位置	要求
电空位	作用风缸压力从 300 kPa 下降到 40 kPa 的时间小于 3.5 s，由零上升到 280 kPa 的时间小于 3.5 s；手把置缓解位同时下压手把，作用风缸压力 300 kPa 下降到 40 kPa 的时间小于 2.8 s，并能下降到零
空气位	均衡风缸压力由零上升至 480 kPa 的时间小于 6.5 s，由 500 kPa 下降至 360 kPa 的时间为 5~7 s

理论链接 7：DK-G 型空气制动阀中修主要尺寸限度（表 2-2-2）

表 2-2-2　DK-G 型空气制动阀中修主要尺寸限度

序号	名　　称	中修限度
1	各弹簧自由高度较原形的减少量	≤2.0 mm
2	手把轴与凸轮方孔的配合间隙	≤0.5 mm
3	支承磨耗量	≤0.5 mm
4	顶杆长度较原形减少量	≤2.0 mm
5	凸轮工作表面磨耗量	≤0.5 mm

步骤一：分解。（图 2-2-5）

（1）将阀放在专用支架上，并用压缩空气将其外部吹干净。

（2）用 100 mm 平口螺丝刀（十字螺丝刀）松下 4 颗接线盒盖 ϕ4 mm 螺钉，卸下凸轮盒盖；用 100 mm 平口螺丝刀（十字螺丝刀）松下 2 颗微动开关板组成安装螺钉，取出微动开关板组成。

（3）用 14（17）固定扳手松下 3 颗 ϕ10 mm 凸轮箱螺帽，分开凸轮箱与阀体，取出各栓塞及弹簧，用钢针取出各"O"形圈。

（4）用 14（13）固定扳手松开转换柱塞盖 ϕ8 mm 螺帽，先卸下转换柱塞盖，再卸下转换柱塞套。

（5）用 19 固定扳手松开固定柱塞背冒 ϕ12 mm，用 100 mm 平口螺丝刀卸下固定柱塞螺栓，取出固定柱塞。

（6）用 14（13）固定扳手松开作用柱塞盖 ϕ8 mm 螺帽，卸下柱塞盖，取出作用柱塞套。

（7）用 100 mm 平口螺丝刀（十字螺丝刀）卸下手把座盖 3 颗 ϕ4 mm 固定螺钉，卸下手把座盖，退出顶杆；用 50 mm 平口螺丝刀取出转柱手把 1 颗 ϕ4 mm 固定螺钉，卸下转柱手把；用 8 mm 内六方扳手松下 2 颗 ϕ8 mm 手把座螺栓，取出手把座，退出转轴、凸轮及各支承套。

（8）用 34 固定扳手卸下阀盖，取出排风阀及弹簧，退出放风阀柱塞套。

要求：① 轻拿轻放。外观检查无破损。② 工具、配件不能掉地，否则失格。

工具及材料：8-10、12-14、13-16、14-17、17-19、34-36 固定扳手各 1 把，50 mm、100 mm 平口螺丝刀、100 mm 十字螺丝刀各 1 把，8 mm 内六方扳手 1 把。

图 2-2-5　分解步骤

步骤二：清洗、检修。（图 2-2-6）

（1）将卸下的各零件放在清洗油盘中清洗，清洗完成后先用压缩空气吹扫后，再用绸布擦干。

（2）更换 4 个 D14×2.25 转换柱塞"O"形圈，更换 4 个 D14×2.25 作用柱塞"O"形圈，更换 5 个 D22×2.25 转换柱塞套"O"形圈，更换 4 个 D22×2.25 作用柱塞套"O"形圈，更换 2 个 D22×2.25 放风柱塞套"O"形圈，更换 1 个 D22×2.4 作用柱塞盖"O"形圈，更换 1 个 ϕ16 mm 密封圈，更换 1 个 ϕ16 mm 放风阀胶垫，更换 1 个 D28×3.5 放风阀"O"形圈。橡胶件的检查：用手拉紧检查，应无缺损、毛刺、裂纹。

（3）检查各弹簧外观，不允许有裂损、锈蚀、变形。弹簧性能应良好，用游标卡尺测量其自由高度，应符合技术要求：阀弹簧为 24.3^{+1}_{-3} mm，柱塞弹簧为 45^{+1}_{-3} mm，手柄弹簧为 43^{+1}_{-3} mm，后弹簧为 30^{+1}_{-3} mm。

（4）检查阀与阀座，不得有台阶和拉伤，接触应严密，不得有泄漏，否则应更换。

（5）检查凸轮，其工作表面不得有明显拉伤痕迹。对轻微拉伤可用水砂纸打磨，但磨修量应符合技术要求。

（6）检查顶杆，不得变形和严重锈蚀。对不良者应更换，其长度应符合技术要求。

（7）检查各柱塞，不得有变形、拉伤和偏磨等缺陷。

（8）接插件及线束按专项工艺检修。

（9）检查电联锁，外观应无裂损，安装应牢固，用万用表测量微动开关常开、常闭联锁阻值应不大于 0.3 Ω，否则更换。）

（10）检查手把轴与凸轮方孔的配合间隙，应符合技术要求。

（11）检查支承套磨耗状态，应符合技术要求。

要求：凸轮工作表面磨耗量不大于 0.5 mm，手把轴与凸轮方孔的配合间隙不大于 0.5 mm，支承磨耗量不大于 0.5 mm。

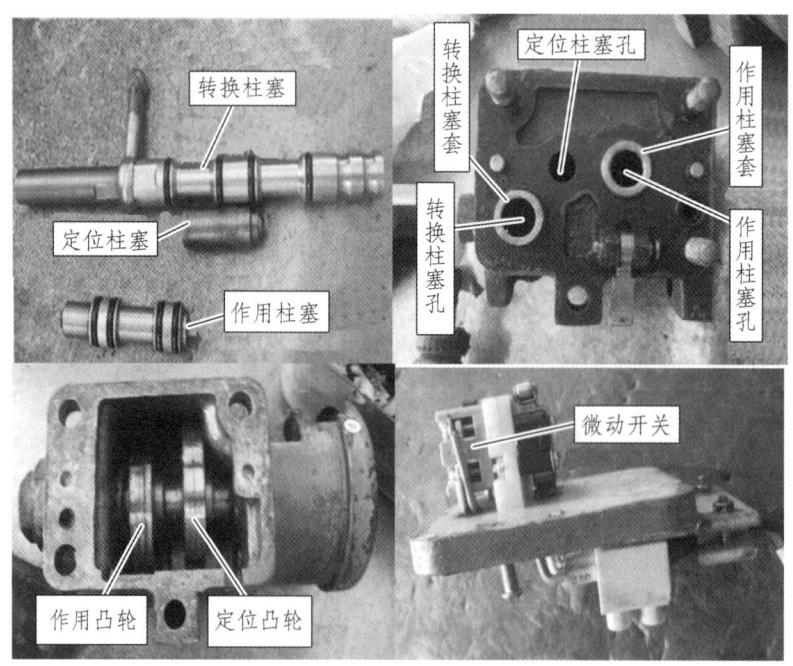

图 2-2-6　分解后的零部件

工具及材料：绸布、125 mm 游标卡尺、水砂纸、数字万用表。

步骤三：组装。（图 2-2-7）

（1）用压缩空气吹扫检修好的各部件，并用绸布擦干净。

（2）在有相对运动的零件磨擦面涂适量凡士林。

（3）在阀体壁涂适量植物油。

（4）将作用柱塞和定位柱塞装入阀体内，用手按应动作灵活，无卡滞现象。

（5）其余部件按与分解相反的顺序进行组装。

工具及材料：8-10、12-14、13-16、14-17、17-19、34-36 固定扳手各 1 把，50 mm、100 mm 平口螺丝刀各一把，100 mm 十字螺丝刀 1 把，8 mm 内六方扳手 1 把。

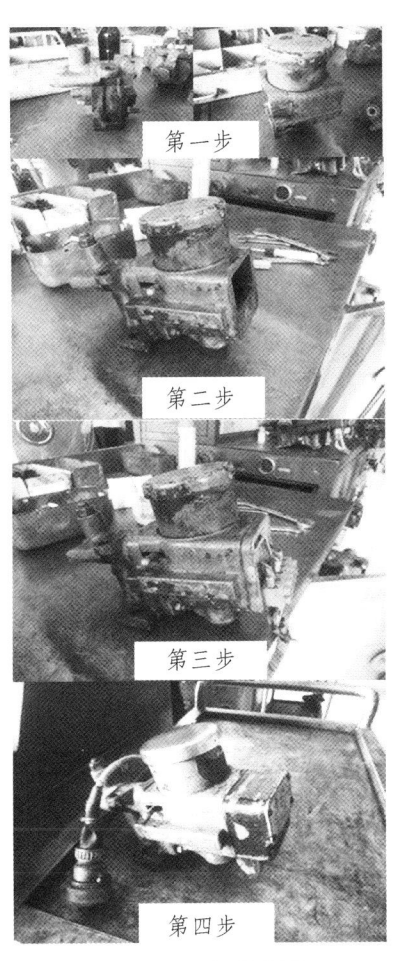

图 2-2-7 组装步骤

步骤四：试验准备。

将被测制动阀安装在安装座上，转换至"电空位"，手把置于制动位，开风源，调整调压阀使作用风缸的压力为 300 kPa。

要求：电空位应转换灵活。

步骤五：操纵作用风缸压力试验。

（1）将手把移至缓解位，作用风缸排大气，作用风缸压力由 300 kPa 下降至 40 kPa，时间不超过 3.5 s，而且压力能降为零。

（2）作用风缸压力排至零后，将手把置于制动位，测作用风缸压力从零上升到 280 kPa 所需时间，应不超过 3.5 s。

（3）待作用风缸压力充至 300 kPa 后，将手把移至缓解位，同时下压手把使作用风缸排大气，测作用风缸压力由 300 kPa 下降到 40 kPa 所需时间，应不超过 2.8 s，并能降到零。

（4）作用风缸压力排至零后，将手把置于制动位，待作用风缸压力上升到 300 kPa 后，再将手把移至缓解位，使作用风缸压力从 300 kPa 下降到 280 kPa 后，再将手把移至运转位，此时要求作用风缸保压 4 min，压力上升或下降值不超过 20 kPa；再将手把移至中立位，要求作用风缸再保压 2 min，压力上升或下降值不超过 10 kPa；然后下压手把，测定压力从此值下降至 40 kPa 所需时间，应不超过 2.8 s。

（5）作用风缸压力排尽后，将手把恢复到缓解位。上述各位置试验时阀体各部不得泄漏，均衡风缸不得进入压力空气，手把未下压时制动阀凸轮盒上的排气孔不得漏风。

要求：作用风缸压力从 300 kPa 下降至 40 kPa 的时间小于 3.5 s，由零上升至 280 kPa 的时间小于 3.5 s。手把置缓解位同时下压手把，作用风缸压力由 300 kPa 下降到 40 kPa 的时间小于 2.8 s，并能下降到零。

步骤六：操纵均衡风缸压力试验。

（1）试验准备：转换至"空气位"，手把置于缓解位，调整调压阀，使均衡风缸压力达 500 kPa。

（2）将手把移至制动位，测均衡风缸压力从 500 kPa 下降到 360 kPa 所需时间应为 5 ~ 7 s。

（3）待均衡风缸压力空气排尽后，将手把移至缓解位，测得均衡风缸压力从零上升到 450 kPa 后将手把移到中立位，均衡风缸应保压 4 min，压力上升或下降值不得超过 20 kPa；再将手把移至制动位，均衡风缸仍应保压 2 min，压力上升或下降值不得超过 10 kPa；然后再将手把移至制动位，均衡风缸压力空气排尽。

（4）以上各位置试验时，阀体各部不得泄漏，作用风缸内不得产生压力空气，制动阀凸轮盒排气口不得泄漏。

要求：均衡风缸压力由零上升至 480 kPa 的时间小于 6.5 s，由 500 kPa 下降至 360 kPa 的时间为 5 ~ 7 s。

步骤七：开关接线检查。

（1）接线牢固、整齐，线头不得伸进开关内部或外露，线号标记清晰。

（2）转换至电空位，LXW2-11 型开关应处于未压缩状态，导线 800 与 314 不通；转换至空气位时，导线 800 与 314 接通。

（3）手把置运转位时，JWL1-11 型开关应处于未压缩状态，连接电路 809 与 818 应接通。当手把移至中立位时开关被压缩，800 与 818 应不通。再将手把从运转位到中立位间来回扳动 2 ~ 3 次，确认开关开闭正常。

要求：小闸动作时，相应的各接线通断良好。

四、项目实施

1. 劳动组织形式

学生每 5~6 人组成一个工作小组,各小组制订出实施方案及工作计划。组长协助教师指导本组学生学习,检查项目实施进程和质量,制定改进措施,共同完成项目任务。

2. 工具材料准备

(1)作业工具:电气钳工常用工具、凸轮规、万用表、游标卡尺。

(2)作业材料:201 甲基硅油、7057 硅脂、酒精、水砂纸、清洗剂、绸布、白布。

(3)使用设备:清洗盘、专用支架、DK-1 型制动机试验台、风压试验台。

3. 作业要求

(1)正确着装,穿戴好劳动保护用品。

(2)正确使用工、卡、量具。

(3)注意自身安全及他人安全,严禁违章作业。

4. 项目评价

按时间、质量、安全、文明、环保要求进行考核。学生先按照表 2-2-3 进行自评,在自评的基础上,由本组的同学互评,最后由教师进行总结评分。

表 2-2-3 项目考核评价表

项目要求	考核标准	考核结果
(1)时间要求	(1)不超过规定时间	(1)有一项不符合要求即不合格; (2)合格成绩为 60 分
(2)质量要求	(2)检修、维护质量符合标准	
(3)安全要求	(3)符合安全操作规程	
(4)文明要求	(4)做到文明"生产"	
(5)环保要求	(5)检修过程符合环保要求	
项目拓展		20 分
项目作业		20 分
成　绩		

注:如出现重大安全、文明、环保事故,则本项目(单元)考核记为不合格。

五、项目实施过程中的注意事项

(1)用汽油清洗部件时,严禁使用明火或吸烟,并注意室内通风情况。

（2）组装时应注意以下几点：

① 组装前对所有部件进行整洁处理。用白布或绸布擦拭修复后的部件表面，使其保持清洁，再次用压缩空气吹扫清除纤维毛及其他异物，使清洁度符合"电力机车部件清洁度标准Ⅰ级"。在擦拭过程中，严禁使用棉丝擦拭阀体内部和配合偶件。

② 在柱塞、阀套的工作表面涂适量 7057 硅脂。在转轴及相对转动的部位注入适量润滑油。

③ 柱塞阀、排气阀组装后，手感检查自复情况，不得有卡滞、过紧和松旷现象。

④ 组装凸轮盒和柱塞阀体时，须先将支承顶靠在柱塞头端部，方可进行组装。

六、项目作业

完成 DK-G 型空气制动阀的检修与维护的学习任务单。

项目三　中继阀的检修与维护

一、项目要求

项目任务：对 SS_3 4000 系电力机车 DK-1 型电空制动机的中继阀进行解体、检修、维护与组装。

时间要求：教学学时为 6 课时。

质量要求：符合成都铁路局电力机车检修质量验收相关标准和技术规程。

安全要求：严格按照安全操作规程进行项目作业。

文明要求：自觉按照文明生产规则进行项目作业。

环保要求：努力按照环境保护要求进行项目作业。

　理论链接 1：均衡风缸

对列车施行制动，其实就是将列车管内的压力空气排出一部分，即对列车管实施减压。要想获得一定的列车制动力，就必须使列车管产生一定的减压量。

因为列车的长度是经常变化的，所以列车管的容积不是固定的。当列车的长度发生变化时，如要准确地控制列车管的减压量，就不能由司机通过"制动阀"直接排出列车管内的压力空气，只能通过间接的方法来实现。对于 DK-1 型电空制动机来说，为实现列车管的间接充风和间接减压，在电空制动控制器（空气位操作为空气制动阀）和列车管之间增设了一个容积固定不变的均衡风缸和中继机构。施行常用制动时，电空制动控制器直接控制小容量的均衡风缸，均衡风缸再通过中继机构来控制列车管的压力变化，这样司机就可不受列车长度和列车管容积变化的影响，准确掌握列车管压力的变化并获得准确的减压量。

DK-1 型电空制动机均衡风缸的容积为 4 L，代号为 52（在 SS_{6B} 型、SS_{7D} 型、SS_8 型机车中为 56），安装在电空制动屏下部。

　理论链接 2：中继阀的作用

为了对列车管的压力变化进行间接控制，在电空制动控制器与列车管之间增设了一个均衡风缸和中继机构，这个中继机构就是带过充作用的中继阀。

中继阀是电空制动控制器及空气位操纵时空气制动阀的执行机构，它根据均衡风缸的压力变化来控制列车管的压力变化，从而实现全列车的制动、保压和缓解。中继阀具有供排风快、灵敏度高的特点，特别是当电空制动控制器在过充位时，能使列车管获得超过定压 30~40 kPa 的过充压力，从而缩短列车管初充气和再充气的时间。当电空制动控制器由过充位回到运转位时，列车管压力还能通过中继阀缓慢消除，并不会引起列车的自然制动。

二、项目分析

中继阀是根据均衡风缸的压力变化来控制制动管的压力变化，从而控制列车的制动、保压与缓解。制动管的充风、排风以及保压是在中继阀上实现的，所以也称中继阀是制动系统的"心脏"。中继阀的运用技术状态直接关系到制动系统的作用，是列车安全、正点运行的保证。

中继阀的常见故障有：

（1）均衡风缸压力泄露。主要原因是过充柱塞"O"形圈损坏。

（2）模板压差大。主要原因是缩堵太大或太小。

（3）排风口泄露。主要原因是供风阀口、排风阀口损坏，顶杆太长。

 理论链接 3：中继阀的结构

中继阀由双阀口式中继阀、总风遮断阀和管座三大部分组成，如图 2-3-1 所示。中继阀过充风缸的代号为 56，容积为 9 L。

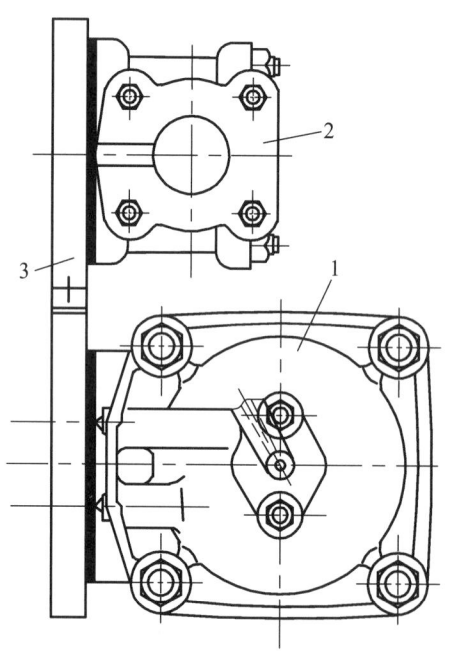

图 2-3-1 中继阀外形图

1—双阀口式中继阀；2—总风遮断阀；3—管座

1. 双阀口式中继阀

双阀口式中继阀由主活塞、膜板、排气阀、供气阀、阀套、阀座、阀体、过充盖、过充柱塞、"O"形圈及弹簧等组成，如图 2-3-2 所示。主活塞的左侧为中均室，与均衡风缸管相通，右侧与列车管相通。主活塞通过顶杆与排气阀或供气阀联动。排气阀室与大气相通。供气阀室经总风遮断阀口与总风管相通。两个阀座的中间与列车管相通。

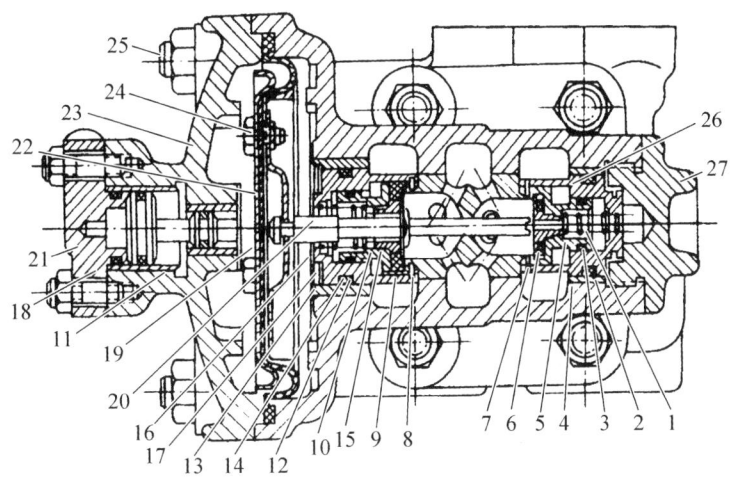

图 2-3-2 双阀口式中继阀结构图

1—供风阀套；2、3、11、12、14—"O"形圈；4—供气阀；5—供气阀弹簧；6、15—胶垫螺帽；7—供气阀挡圈；8—排气阀挡圈；9—排气阀胶垫；10—排气阀；13—定位挡圈；16—排气阀套；17—排气阀弹簧；18—过充柱塞；19—主活塞；20—顶杆；21—过充盖；22—膜板；23—中继阀盖；24—螺钉；25—六角螺栓；26—供气阀胶垫；27—螺盖。

2. 总风遮断阀

总风遮断阀控制着总风管与双阀口式中继阀供风室之间的通路。只有当总风遮断阀处于开放状态时，中继阀才能向列车管充（补）风。一般情况下，总风遮断阀的动作与均衡风缸的充风和减压同步，当均衡风缸正常增压时，遮断阀开放，中继阀可以向列车管充风；当均衡风缸减压后，遮断阀关闭，中继阀就不能向列车管补风。

总风遮断阀由阀体、遮断阀、阀座、阀套和弹簧等组成，如图 2-3-3 所示。

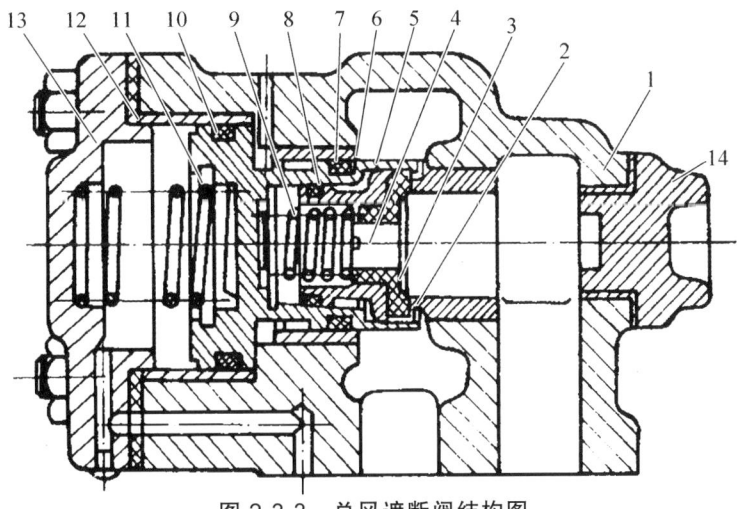

图 2-3-3 总风遮断阀结构图

1—遮断阀体；2—挡圈；3—胶垫；4—胶垫螺帽；5—遮断阀；6—遮断阀套；7、8、10—"O"形圈；9—遮断阀弹簧；11—弹簧；12—胶垫；13—遮断阀盖；14—螺盖遮断阀左侧无压力空气时，右侧总风压力克服左侧的弹簧反力后使其左移，遮断阀口开放，总风管压力空气经开启的阀口进入双阀口式中继阀的供气室；当遮断阀左侧充入总风管压力空气时，遮断阀在左侧总风压力和弹簧力的共同作用下右移，迅速关闭遮断阀口，截断总风管与双阀口式中继阀供风室之间的通路，这种情况下，列车管压力空气就得不到补充。

3. 管 座

中继阀管座既是双阀口式中继阀和总风遮断阀的安装座，同时也是其与外部管路的连接处所。管座上共连有五根管：总风遮断阀管 P_1、过充阀管 P_2、总风管 P_3、列车管 P_4 和均衡风缸管 P_5。

 理论链接 4：中继阀作用原理

根据均衡风缸及过充风缸的压力变化，双阀口式中继阀有三个基本作用位置，其作用原理如图 2-3-4 所示。

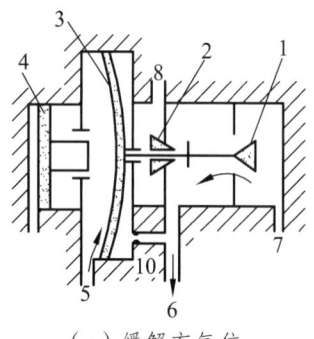
（a）缓解充气位

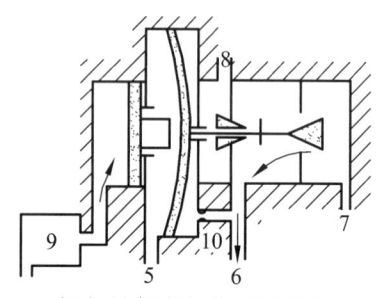
（b）缓解充气位（过充）

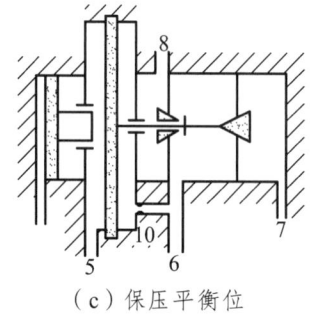
（c）保压平衡位

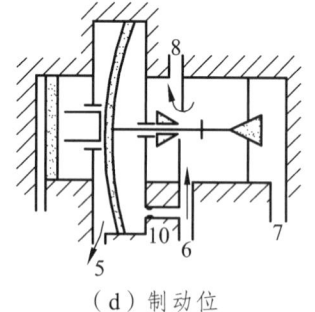
（d）制动位

图 2-3-4　双阀口式中继阀各作用位置示意图

1—供气阀及阀口；2—排气阀及阀口；3—主活塞；4—过充柱塞；5—均衡风缸；6—列车管；7—总风管；8—排风口；9—过充风缸；10—缩孔

1. 缓解充气位

当主活塞左侧中均室压力上升时，膜板活塞向右移动，通过顶杆将供气阀顶离阀座。总风缸压力空气经供气阀口向列车管充风。列车管经 $\phi 1\,mm$ 的缩孔与主活塞右侧相通，使主活塞右侧压力随列车管压力上升而增加，主活塞逐渐左移使供气阀口缩小，当主活塞右侧列车管压力和左侧均衡风缸压力相平衡时，供气阀口关闭，列车管也达到定压。

为加速列车管充风，在过充柱塞左侧通入与总风压力相等的压力空气使过充柱塞右移，当其端部顶上主活塞后，相当于中均室增加了一定的压力。总缸压力在 750～900 kPa 范围内时，列车管获得的过充压力为 30～40 kPa。消除过充压力时，过充柱塞左侧及过充风缸内的压力空气经过充风缸上的缩口缓慢排向大气，过充柱塞作用在主活塞上的附加压力逐渐消失。列车管内的过充压力经中继阀排气口缓缓排入大气，由于排气速度很慢，还会引起后部车辆产生自然制动。

2. 制动位

当主活塞左侧中均室压力下降时，膜板活塞左移，通过顶杆使排气阀开启，列车管内的压力空气经排气阀口排向大气，列车管开始减压。同时主活塞右侧的压力空气经 $\phi 1$ mm 的缩孔随列车管压力空气一同排出，使主活塞左右两侧压差减小，膜板活塞逐渐右移，排气阀口逐渐变小，当列车管压力下降到与左侧中均室压力相等时，排气阀口完全关闭。

3. 保压平衡位

当主活塞右侧列车管压力上升或下降到与左侧中均室压力相当时，主活塞恢复到中间平衡位置，供气阀和排气阀在各自阀弹簧的作用下关闭阀口，列车管停止充气或排气，中继阀呈缓解充风或制动后的保压状态。若主活塞左侧中均室压力再增加或主活塞右侧列车管压力由于泄漏而降低，主活塞两侧压力将再次失去平衡，膜板活塞右移使供气阀再度开启，列车管增压，待主活塞两侧压力再次相等时，供气阀关闭，中继阀又过渡到保压平衡位；若主活塞左侧中均室压力再降低时，主活塞两侧压力失去平衡，膜板活塞左移使排气阀再度开启，列车管继续减压，当主活塞两侧压力再次恢复平衡时，排气阀关闭，中继阀重新恢复到保压平衡位。

三、项目实施的路径与步骤

（一）项目实施路径

第一步	检查
第二步	解体清洗
第三步	检修
第四步	组装
第五步	试验

（二）项目实施步骤

 理论链接 5：中继阀检修基本要求

（1）各部无泄漏，各作用位作用良好。
（2）更换橡胶件时，其规格、技术要求符合原型图纸要求。
（3）各部件清洁度符合"电力机车清洁度标准"要求。
（4）中继阀的充、排气性能应满足：
① 列车管应能阶段增减压，模板两侧压力差应小于 10 kPa。
② 中继阀活塞动作压差小于或等于 5 kPa。
③ 列车管压力由零升到 480 kPa 的时间小于 3 s，由 500 kPa 降至 250 kPa 的时间小于 3 s。
④ 列车管的过充值应达到 30～40 kPa。
（5）中修主要尺寸限度如表 2-3-1 所示。

表 2-3-1 中继阀的中修尺寸限度

序号	名　称	中修限度
1	各阀与套的配合间隙	≤0.12 mm
2	各阀口的磨耗量	≤0.5 mm
3	各弹簧的自由高度较原形减少量	≤3 mm
4	各阀压痕深度	≤0.5 mm

步骤一：解体前准备。
将中继阀移至作业台。
要求：用高压风管进行外观清扫后，外观检查应无破损，铭牌完整。

步骤二：解体清洗。

（1）解体。用 17-19（16-18）固定扳手卸下中继阀盖上 4 个 M12×45 的螺栓，将阀盖连同过充部取下。用两手 4 指扣住主活塞膜板上沿，拇指顶住膜板中间，沿箭头指示反方向倾斜提出，使主活塞膜板与顶杆挂钩脱扣，取下膜板活塞，用 8-10 固定扳手分解模板活塞。用内卡簧钳取下排气阀套定位卡圈，将排气阀组连同顶杆抽出，解体排气阀组时，先用 50 mm 平口螺丝刀取下挡圈，然后依次取下排气阀和弹簧，用排气阀专用工具分解排气阀。用 34-36 固定扳手拧开螺盖，抽出供气阀组，用 50 mm 平口螺丝刀取下挡圈后，依次取下排气阀和弹簧。用 150 mm 平口螺丝刀分解供气阀，解体方法与排气阀相同。用 12-14（13-16）固定扳手卸下过充盖上 2 个 M8×30 的双头螺栓，取下过充盖，抽出过充活塞。

（2）将拆下的各零部件和阀体（除橡胶件外）置于油盘中用汽油清洗，再用压缩空气吹扫干净。对体内暗道及低凹处必须认真吹扫。清洗后的零件按拆卸顺序摆放整齐待检修，如图 2-3-5 所示。

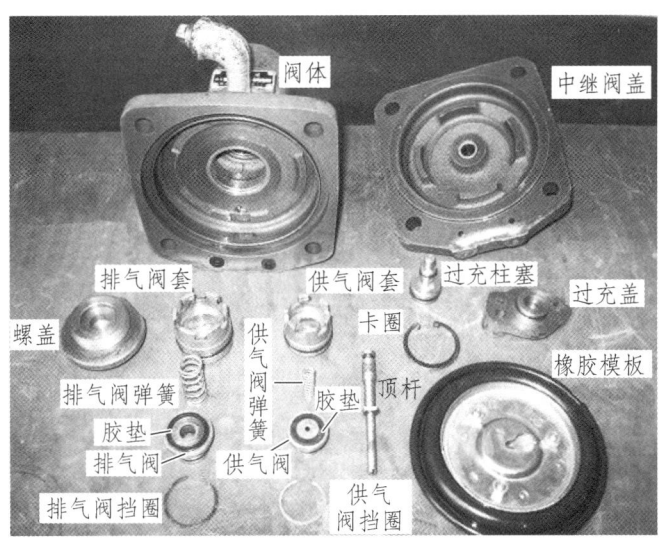

图 2-3-5　解体后的零部件

要求：清洁度符合 I 级要求。

工具及材料：8-10、12-14（13-16）、34-36 固定扳手各 1 把，17-19（16-18）固定扳手 2 把，50 mm 内卡簧钳 1 把，50 mm 平口螺丝刀 1 把，150 mm 平口螺丝刀 1 把，钢针 1 把，排气阀专用工具 1 套，125 mm 虎钳 1 台，铜钳口 1 副，汽油，油盘。

步骤三：检修。

（1）阀体、阀套检修。

（2）膜板顶杆检修。

（3）检查各挡圈。

（4）更换所有"O"形密封圈。检查过孔垫，不良者应更换。

（5）更换供、排气阀胶垫，紧固胶垫螺母，胶面应用细砂纸在平台上打磨平整，橡胶平面必须高于金属面，如图 2-3-6 所示。

（6）检修供、排气阀弹簧。用游标卡尺检测过充柱塞与套的配合间隙。

要求：

（1）目视阀体无裂损，各阀套镶嵌牢固，阀套工作面无拉伤、局部磨损等现象。阀体上缩孔及暗道畅通。阀口平整无麻坑，不平整时用油石打磨（磨耗量不大于 0.5 mm）。阀套清洁无积碳，有积碳时用刮刀清除。

（2）膜板不良者应更换。夹板无变形，夹持紧固。顶杆不得弯曲，顶杆挂钩槽处不得损伤、磨秃，顶杆与膜板挂接可靠。

（3）各挡圈无裂损和严重锈蚀。

（4）橡胶件的检查：用手拉紧后检查，应无缺损、毛刺、裂纹。

（5）目测各弹簧无断裂、锈蚀。用直钢尺测量各弹簧自由高度原形尺寸：排气阀弹簧为 38 mm，供气阀弹簧为 29 mm。各弹簧自由高度较原形减少量应不大于 1 mm。

（6）供、排气阀与套的配合间隙不大于 0.12 mm。

工具及材料：油石、刮刀、橡胶件、砂布、钢板尺、游标卡尺。

步骤四：组装。

（1）整洁处理。

（2）涂润滑脂。

（3）总体组装。

（4）装排气阀组及顶杆。

（5）主活塞膜板组装完成后，必须确认顶杆与膜板挂接可靠。

要求：

（1）组装中继阀盖前，应确认过孔垫良好且主膜板筋沿均匀地镶在阀体槽内，确认完毕再进行阀盖组装，且对角紧固。

（1）组装前用绸布将合格零件擦拭干净，再次用压缩空气吹净纤维毛及浮尘。

（2）在有相对运动的部件工作表面涂适量医用凡士林。

（3）挡圈应质量良好。组装供、排气阀时，挡圈必须全部镶入槽内（图2-3-7）。手感检查供气阀和排气阀在阀套内的自复状态，应灵活无卡滞，如图2-3-8所示。

（4）用卡簧钳安装定位卡圈，卡圈安装良好，必须全部入槽。顶杆不能高于供气阀阀口。

（5）箭头方向应与阀座安装面平行且向下。严禁箭头方向向上，否则运行中容易造成膜板与顶杆脱扣。

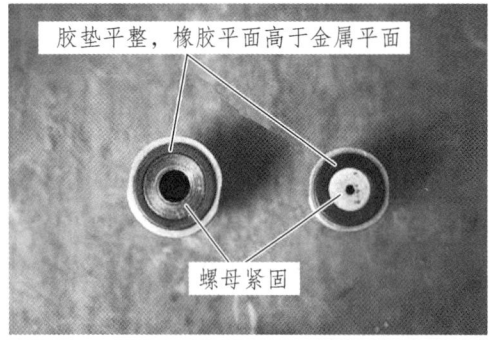

图 2-3-6

挡圈必须全部入槽

图 2-3-7

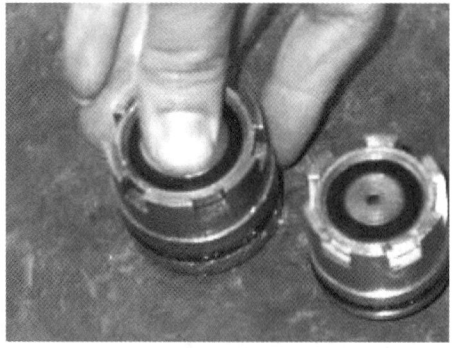

供排气阀灵活无卡滞

图 2-3-8

工具及材料：压缩空气、绸布、润滑脂、卡簧钳、扳手。

步骤五：试验。
（1）测试中继阀膜板状态。
（2）测试充气性能。
（3）测试保压性能。
（4）测试阶段增、减压。
（5）测试活塞灵敏度。
（6）测试排风阀。
（7）测试过充性能。

要求：
（1）用肥皂水涂抹排风口，应无气泡产生。
（2）观察中继阀供风阀的开度是否足够。断开"遮断"扳钮，列车管压力升至定压 480 kPa 的时间不大于 3 s。
（3）观察中继阀供、排气阀的密闭状态。按压"均力排"按钮，使均力风缸减压 40～80 kPa 后松开"均力排"按钮保压 1 min，中继阀应无排风现象。
（4）观察中继阀阶段充、排风性能及膜板两侧的固定压差值。反复按压"均力充""均力排"按钮，均力风缸与列车管压力差应不大于 10 kPa。
（5）观测中继阀活塞两侧的动作压差。按压"均力充"按钮，使均力风缸压力升至 500 kPa，然后将操作阀手柄置"制动安定"位，待列车管压力下降 5 kPa 后置"中立位"，列车管应恢复原来的压力。
（6）观察排风阀的开度及缩口风堵的大小。按压"均力充"按钮，使均力风缸压力升至 500 kPa 后断开"中继阀"转换开关，按压"均力排"按钮，使均力风缸减压 240～260 kPa，再重新闭合"中继阀"转换开关，测定列车管压力由 500 kPa 降至与均力风缸压力平衡的时间应不大于 3 s。
（7）观察过充量能否逐渐消除。均力风缸压力为 500 kPa 时，按压"过充"按钮，当总风压力为 750～800 kPa 时，列车管过充量应为 25～40 kPa。松开"过充"按钮，列车管压力应逐渐恢复到 500 kPa。

工具及材料：压缩空气。

四、项目实施

1. 劳动组织形式

学生每 5～6 人组成一个工作小组，各小组制订出实施方案及工作计划。组长协助教师指导本组学生学习，检查项目实施进程和质量，制订改进措施，共同完成项目任务。

2. 工具材料准备

（1）作业工具：专用机架、清洗油盘、机车钳工常用工具、卡钳、内卡钳、游标卡尺、钢板尺。

（2）作业材料：凡士林、植物油、水砂纸、清洁剂、绸布、白布、棉丝。
（3）使用设备：DK-1型制动机试验台、平台。

3. 作业要求

（1）正确着装，穿戴好劳动保护用品。
（2）正确使用工、卡、量具。
（3）注意自身安全及他人安全，严禁违章作业。

4. 项目评价

按时间、质量、安全、文明、环保要求进行考核。学生先按照表 2-2-3 进行自评，在自评的基础上，由本组的同学互评，最后由教师进行总结评分。

表 2-2-3 项目考核评价表

项目要求	考核标准	考核结果
（1）时间要求	（1）不超过规定时间	（1）有一项不符合要求即不合格；
（2）质量要求	（2）检修、维护质量符合标准	
（3）安全要求	（3）符合安全操作规程	
（4）文明要求	（4）做到文明"生产"	（2）合格成绩为60分
（5）环保要求	（5）检修过程符合环保要求	
项目拓展		20分
项目作业		20分
成　绩		

注：如出现重大安全、文明、环保事故，则本项目（单元）考核记为不合格。

五、项目实施过程中的注意事项

（1）工作场地应整洁。汽油等易燃品应存放良好，严禁烟火。
（2）工作前要认真检查所使用工具，严禁使用不合格工具。
（3）用汽油清洗部件时，严禁使用明火或吸烟，并注意室内通风情况。
（4）使用仪器与设备时，试验人员应熟悉其性能，否则不能操作。

六、项目作业

完成中继阀的检修与维护的学习任务单。

项目四　电动放风阀的检修与维护

一、项目要求

项目任务：对 SS_3 4000 系电力机车 DK-1 型电空制动机的 ZDF 电动放风阀进行解体、检修、维护与组装。
时间要求：教学学时为 6 课时。
质量要求：符合成都铁路局电力机车检修质量验收相关标准和技术规程。
安全要求：严格按照安全操作规程进行项目作业。
文明要求：自觉按照文明生产规则进行项目作业。
环保要求：努力按照环境保护要求进行项目作业。

理论链接 1：电动放风阀的作用

为满足电空制动机性能的需要和列车运行监控记录装置的要求，在 DK-1 型电空制动机中使用了 ZDF 型电动放风阀作为列车管紧急排风的执行部件。

二、项目分析

电动放风阀是为了满足 DK-1 型电空制动机自动制动性能的需要而设置的重要部件。当司机遇到紧急情况施行紧急制动和列车分离时，电动放风阀动作，排出制动管内的压缩空气，使列车紧急停车。司机施行紧急制动时，电动放风阀先动作，紧急阀后动作；列车分离时，紧急阀先动作，电动放风阀后动作。

电动放风阀的常见故障有：紧急制动时不起作用，其主要原因是模板破损；排风口泄漏；其主要原因是夹心阀压痕太深或安装不到位。

理论链接 2：电动放风阀的结构

ZDF 型电动放风阀属电控式气动力阀门，由紧急电空阀和放风阀两部分组成。紧急电空阀的进风口接总风管，出风口与放风阀橡胶膜板下方气室相通，受电空制动控制器、列车运行监控装置、紧急制动按钮和列车分离保护装置发出的紧急制动指令控制。放风阀部分由阀体、橡胶膜板、夹心阀、阀座、心杆、弹簧和上盖、下盖等组成，如图 2-4-1 所示。

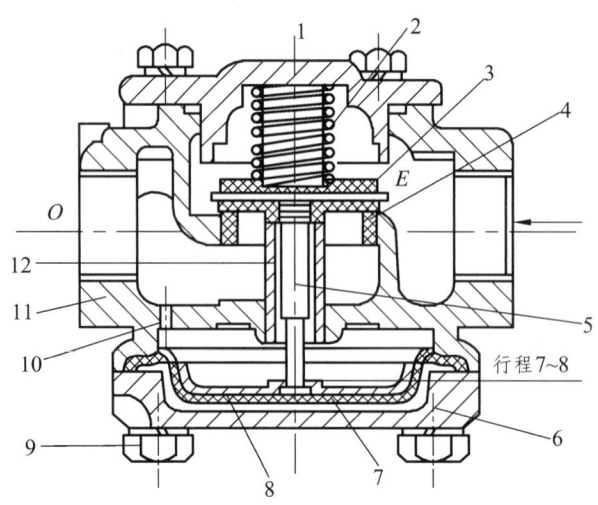

图 2-4-1　电动放风阀结构图

1—上盖；2—放风阀弹簧；3—放风阀；4—阀座；5—心杆；6—下盖；7—橡胶膜板；8—铜碗；
9—螺钉；10—小孔；11—阀体；12—心杆套。

 理论链接 3：电动放风阀的作用原理

紧急电空阀得电时，总风管压力空气进入放风橡胶膜板下方，使膜板上凸，通过心杆顶开夹心阀，列车管压力空气经较大的阀口急速排出，全列车产生紧急制动作用。平时，紧急电空阀处于失电状态，放风阀橡胶膜板下方经紧急电空阀与大气相通，夹心阀在阀弹簧的作用下密贴于阀座上，阀口呈关闭状态。

三、项目实施的路径与步骤

（一）项目实施路径

第一步 → 准备

第二步 → 解体

第三步 → 检修

第四步 → 组装

第五步 → 试验

（二）项目实施步骤

 理论链接 4：电动放风阀检修基本要求

（1）各部无泄漏，作用位作用良好。
（2）更换橡胶件时，其规格、技术要求符合原型图纸要求。
（3）各部清洁度应符合"电力机车清洁度标准"要求。
（4）列车管压力从 600 kPa 下降至零的时间小于 1.5 s。
（5）中修主要尺寸限度如表 2-4-1 所示。

表 2-4-1　电动放风阀中修尺寸限度

序号	名　　称	中修限度
1	弹簧的自由高度较原形的减少量	≤3 mm
2	放风阀口磨修量	≤0.5 mm
3	放风阀压痕深度	≤0.5 mm
4	阀杆与套的配合间隙	≤0.15 mm

步骤一：准备。

将电动放风阀移至作业台面。

要求：

（1）轻拿轻放。外观检查无破损。
（2）工具、配件不能掉地，否则失格。

步骤二：解体。

（1）用 17（16）固定扳手卸下放风阀下盖 4 颗 M10×20 安装螺栓，取出橡胶膜板和铜碗。
（2）用 14（13）固定扳手卸下放风阀上盖安装螺栓，取出弹簧、放风阀（又称夹心阀）及阀杆。
（3）清洗。

要求：将拆下的各零件（除橡胶件外）置于清洗池中进行清洗，清洗后用高压风吹扫干净，尤其对于阀体暗孔要认真吹扫。吹扫完毕，将各零件摆放整齐，如图 2-4-2 所示。

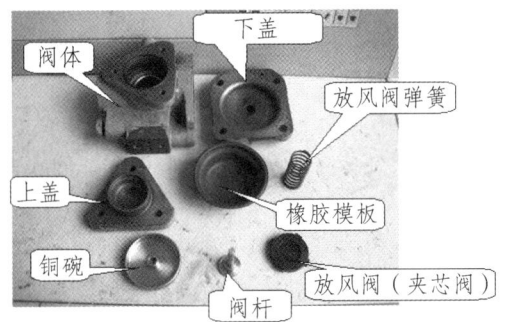

图 2-4-2

工具及材料：14-17、13-16固定扳手各1把，汽油，压缩风源，绸布。

步骤三：检修。

（1）检查橡胶膜板、电动放风阀上盖"O"形密封圈60×3.1、阀体过孔密封圈。

（2）放风阀压痕不均匀或过深者应用砂布磨平。

（3）弹簧应无裂损和严重锈蚀。

（4）检查铜碗。

（5）目视检查阀口，不得有台阶。

（6）目视检查阀杆与套，不得有严重拉伤和偏磨现象。

要求：

（1）磨耗深度不大于0.5 mm。磨耗量超过硬芯下胶层1/2者更换。

（2）测量自由高度应为58.3 mm。弹簧的自由高度较原形的减少量不大于2 mm。

（3）铜碗目视无变形，无飞边毛刺，无严重锈蚀。

（4）麻坑轻微者可磨修，磨修量不大于0.5 mm。

（5）测量阀杆与套的配合间隙应不大于0.12 mm。

工具及材料：砂布、钢板尺。

步骤四：组装。

（1）组装前检查。

（2）总组装。

（3）在阀体中放入阀杆、放风阀及弹簧。

（4）组装橡胶膜板。

要求：

（1）将合格部件用绸布擦干净，在有相对运动的零件表面涂适量医用凡士林。在组装过程中按动阀杆，应动作灵活、无卡滞。

（2）检查放风阀上盖"O"形密封圈，应安装良好。组装上盖时须将上盖压在阀体上，使上盖与阀体贴合，在放风阀弹簧压缩状态下紧固上盖螺栓。（图2-4-3）

（3）膜板筋沿必须均匀地镶在阀体槽内。再进行下盖组装之前，应确认阀体过孔密封圈良好，阀体暗孔与下阀盖上暗孔对齐，且对角紧固。（图2-4-4）

（4）保证紧急制动时总风通过392紧急电空阀下阀口到膜板下方以及392失电时膜板下方压力空气排大气的通路畅通。

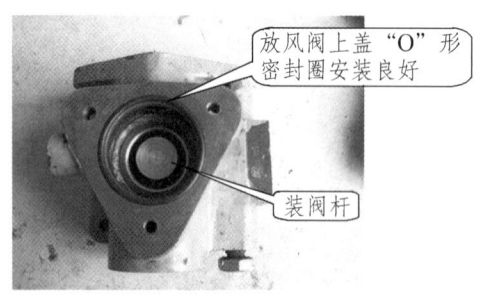

图2-4-3

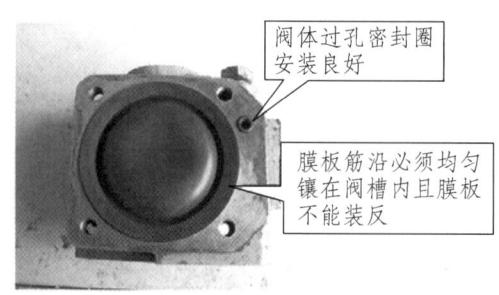

图2-4-4

工具及材料：绸布、凡士林。

步骤五：试验。

将组装好的电动放风阀安装在试验台上。

要求：列车管压力从 600 kPa 下降至零的时间小于 1.5 s。

工具及材料：DK-1 型电空制动机试验台。

四、项目实施

1. 劳动组织形式

学生每 5~6 人组成一个工作小组，各小组制订出实施方案及工作计划。组长协助教师指导本组学生学习，检查项目实施进程和质量，制订改进措施，共同完成项目任务。

2. 工具材料准备

（1）作业工具：专用机架、清洗油盘、机车钳工常用工具、游标卡尺。

（2）作业材料：凡士林、植物油、水砂纸、清洁剂、绸布、白布、棉丝。

（3）使用设备：DK-1 型制动机试验台、平台。

3. 作业要求

（1）正确着装，穿戴好劳动保护用品。

（2）正确使用工、卡、量具。

（3）注意自身安全及他人安全，严禁违章作业。

4. 项目评价

按时间、质量、安全、文明、环保要求进行考核。学生先按照表 2-4-2 进行自评，在自评的基础上，由本组的同学互评，最后由教师进行总结评分。

表 2-4-2　项目考核评价表

项目要求	考核标准	考核结果
（1）时间要求	（1）不超过规定时间	（1）有一项不符合要求即不合格；
（2）质量要求	（2）检修、维护质量符合标准	（2）合格成绩为 60 分
（3）安全要求	（3）符合安全操作规程	
（4）文明要求	（4）做到文明"生产"	
（5）环保要求	（5）检修过程符合环保要求	
项目拓展		20 分
项目作业		20 分
成　　绩		

注：如出现重大安全、文明、环保事故，则本项目（单元）考核记为不合格。

五、项目实施过程中注意事项

（1）工作场地应整洁。汽油等易燃品应存放良好，严禁烟火。
（2）工作前要认真检查所使用工具，严禁使用不合格工具。
（3）用汽油清洗部件时，严禁使用明火或吸烟，并注意室内通风情况。
（4）使用仪器与设备时，试验人员应熟悉其性能，否则不能操作。

六、项目作业

完成电动放风阀检修与维护的学习任务单。

项目五　紧急放风阀的检修与维护

一、项目要求

项目任务：对 SS_3 4000 系电力机车 DK-1 型电空制动机的紧急放风阀进行解体、检修、维护与组装。

时间要求：教学学时为 6 课时。

质量要求：符合成都铁路局电力机车检修质量验收相关标准和技术规程。

安全要求：严格按照安全操作规程进行项目作业。

文明要求：自觉按照文明生产规则进行项目作业。

环保要求：努力按照环境保护要求进行项目作业。

 理论链接 1：紧急放风阀的作用

紧急放风阀的作用是在紧急制动时加快列车管的排风，提高紧急制动灵敏度和紧急制动波速，同时接 DK-1 型电空制动机列车分离保护电路，使列车紧急制动的作用更加可靠。

二、项目分析

紧急放风阀是为了满足 DK-1 型电空制动机列车分离保护的需要而设置的重要部件。当列车分离时，紧急放风阀动作，排出制动管内的压缩空气，使列车紧急停车，列车前后部停车后才能缓解。列车分离时，紧急阀先动作，电动放风阀后动作。

紧急放风阀的常见故障有：

（1）常用制动起紧急制动。主要原因是缩孔Ⅰ变小。

（2）紧急制动后立即缓解。主要原因微动开关没有接触。

（3）紧急制动后延时不够。主要原因是缩孔Ⅲ变大。

 理论链接 2：紧急放风阀的结构

紧急放风阀由阀本体和安装座两部分组成。安装座内有容积为 1.5 L 的紧急室。阀本体由紧急活塞、活塞杆、稳定弹簧、紧急阀座、夹心阀、夹心阀弹簧、导向杆、传递杆、微动开关和阀座等组成，如图 2-5-1 所示。

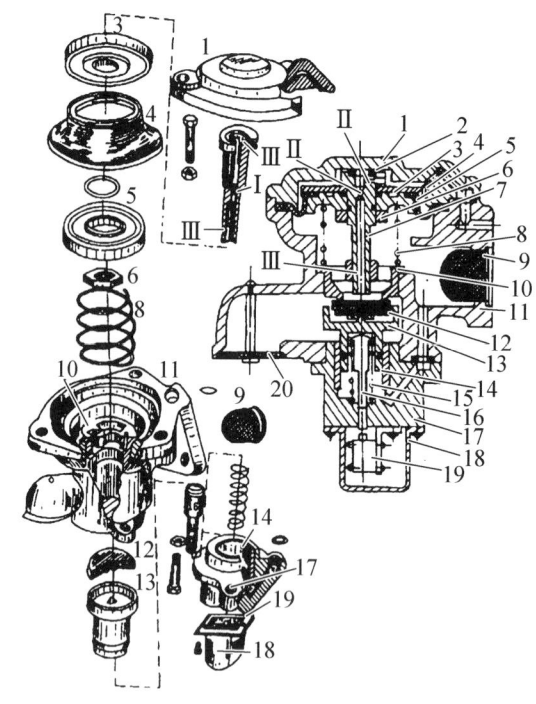

图 2-5-1 紧急阀结构图

Ⅰ—φ1.8 缩孔；Ⅱ—φ0.5 缩孔；Ⅲ—φ1.0 缩孔

1—阀盖；2—密封圈；3—上活塞；4—橡胶膜板；5—下活塞；6—螺母；7—活塞杆；8—安定弹簧；9—滤尘罩；10—放风阀杆；11—阀上体；12—放风阀；13—放风阀导向杆；14—放风阀套；15—放风阀弹簧；16—顶杆；17—阀下体；18—罩；19—双断点微动开关；20—排风口罩。

紧急活塞轴向中心孔内有一个 φ1.8 mm 限制缩孔 Ⅰ，用以控制紧急室压力空气向列车管逆流的速度，以便形成常用制动位；紧急活塞杆上部设有 φ0.5 mm 的径向限制缩孔 Ⅱ，用以控制列车管向紧急室充气的速度，避免紧急室充气过快而引起意外紧急制动；紧急活塞杆下部钻有 φ1.0 mm 的径向小孔 Ⅲ，用以在紧急制动后控制紧急室压力排入大气的速度，进而控制夹心阀开启的时间。

 理论链接 3：紧急放风阀的作用原理

紧急放风阀有三个作用位置，分别是充气位、常用制动位和紧急制动位，如图 2-5-2 所示。

1. 充气位

列车管压力增加时，紧急放风阀处于充气位。列车管来的压力空气和稳定弹簧的作用力首先将紧急活塞压紧在上盖上，然后经活塞杆上轴向缩孔 Ⅰ 和径向缩孔 Ⅱ 向紧急室充气，直到紧急室与列车管压力相等时为止。同时，列车管压力空气还经暗道通入夹心阀导向杆下部，与阀弹簧一起使夹心阀密贴于阀座上，关闭排气口。此时，微动开关不受压迫，处于断开状态，不影响制动机系统的作用。

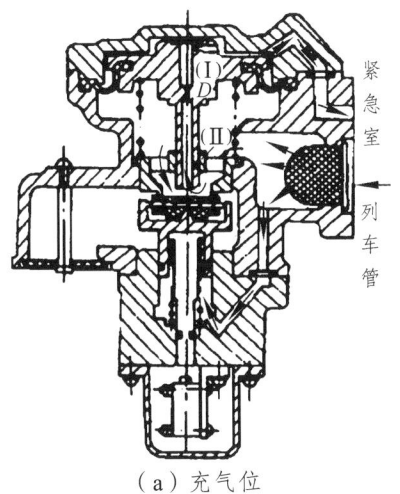
（a）充气位

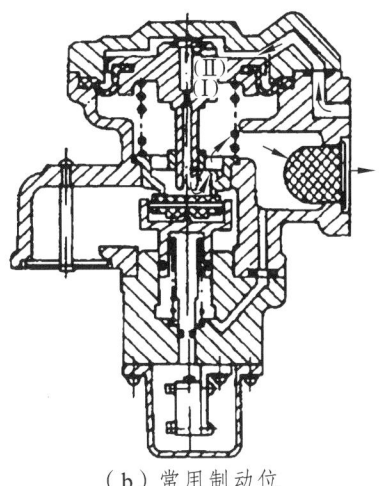
（b）常用制动位

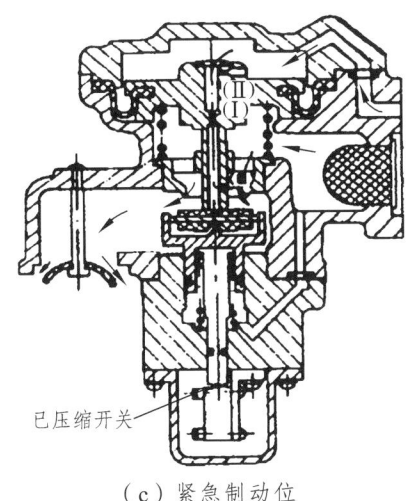
（c）紧急制动位

图 2-5-2　紧急放风阀作用原理图

2. 常用制动位

列车管按常用制动速度减压时，紧急活塞下方的压力同时下降，紧急室内的压力空气经缩孔Ⅱ和Ⅰ向紧急活塞下方逆流的速度跟不上列车管压力的下降速度，因而在紧急活塞上下两侧形成一定的压力差，使紧急活塞下移。紧急活塞下移后，其顶部的"O"形密封圈脱离上盖，紧急活塞顶部轴向孔打开，紧急室压力空气就可经缩孔Ⅰ直接向列车管逆流，使得紧急室和列车管的降压速度趋于一致，紧急活塞不再继续下移，悬在中央位置，活塞杆不能压开夹心阀，夹心阀仍处于关闭状态。

当列车管停止减压后，紧急室和列车管压力趋于平衡，紧急活塞在稳定弹簧的作用下恢复到充气位。

3. 紧急制动位

列车管按紧急制动速度排风时，紧急活塞下方压力急剧下降，紧急室的压力空气经缩孔

Ⅰ向活塞下方逆流的速度也跟不上列车管压力下降的速度,因而在紧急活塞两侧形成很大的压差,迫使紧急活塞快速下移至极端,压开夹心阀,使列车管压力空气又同时经此排气口排向大气,使得列车管的排风更加迅速。紧急活塞杆压下夹心阀后,轴向通孔被遮住,紧急室内压力空气只能经缩孔Ⅲ排除,这样需要15 s左右才能排完,从而延长了夹心阀的开启时间,提高了紧急制动的可靠性。在紧急室压力空气未彻底排尽时,夹心阀一直处于开启状态,充入列车管的压力空气仍将经此开启的阀口排向大气,因而此时列车管充气无效。夹心阀被压开的同时,传递杆也被迫下移,顶动微动开关,接通有关控制电路,迅速截断列车管补风源,有选择地切除机车动力源,提高列车运行的安全性。

紧急放风阀与电动放风阀既有相似之处,也有不同的地方。相似的是都会将列车管的压力空气排除,不同的是引起两者动作的原因不同。紧急放风阀因外部原因引起列车管急速排风后的刺激而被诱发,起加速列车管排风的作用;电动放风阀是受电信号控制而动作,起快速排出列车管压力空气的作用。

三、项目实施的路径与步骤

(一)项目实施路径

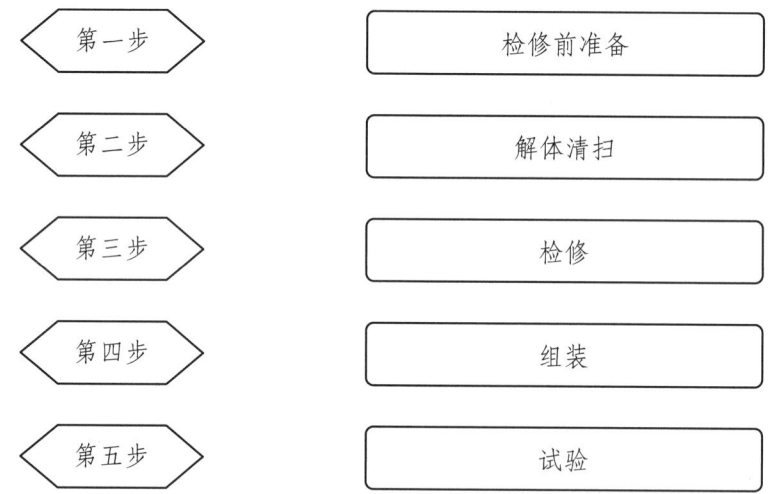

(二)项目实施步骤

 理论链接4:紧急放风阀检修基本要求

(1)各部无泄漏,作用位作用良好。
(2)更换橡胶件时,其规格、技术要求符合原型图纸要求。

（3）各部清洁度应符合"电力机车清洁度标准"要求。

（4）紧急室压力由零上升到 480 kPa 的时间为 40～50 s，由 480 kPa 下降至 40 kPa 的时间应为 20～25 s。

（5）中修主要尺寸限度如表 2-5-1 所示。

表 2-5-1 紧急放风阀中修尺寸限度

序号	名　　称	中修限度
1	活塞杆与套的配合间隙	≤0.2 mm
2	弹簧的自由高较原形的减少量	≤2.5 mm
3	导向杆、传递杆与套的配合间隙	≤0.15 mm
4	夹心阀压痕深度	≤0.5 mm

步骤一：检修前准备。

将紧急放风阀移至作业台面。

步骤二：解体清扫。

（1）清扫紧急放风阀及滤尘网罩。

（2）拆紧急放风阀上盖部分：用 17 固定扳手拆下紧急阀上盖 3 个 M10×40 固定螺栓及螺母，卸下紧急阀盖，取出紧急活塞和稳定弹簧。用 27 固定扳手旋下紧急活塞螺母，取下膜板压盖、膜板、活塞杆，用钢针取出密封圈。

（3）拆紧急阀下盖部分：用 17 固定扳手拆下紧急放风阀下盖 2 个 M10×40 固定螺栓及螺母，使阀体与下盖分离，取出传递杆、复原弹簧、导向阀和夹心阀。

（4）将解体部件（除橡胶件外）置于油盘中，认真用汽油进行清洗。（图 2-5-3）

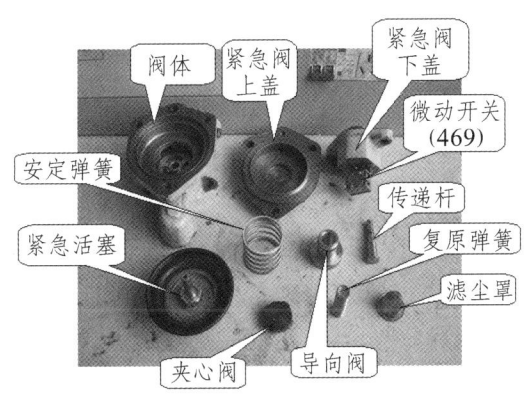

图 2-5-3

要求：

（1）对高压风管进行外观清扫后，外观检查应无破损。

（2）清洗各部件后用高压风管吹扫干净，尤其对阀体内部及盖上各暗孔道须认真吹扫，保持各孔畅通且不得留油残渣及油垢。

工具及材料：14-17 固定扳手 2 把、24-27 固定扳手 1 把、钢针 1 把、油盘、压缩风源、绸布。

步骤三：检修。

（1）更换"O"形密封圈，检查活塞膜板及过孔垫。

（2）夹心阀压痕均匀，深度不大于 0.5 mm。

（3）检查活塞杆及压盖。

（4）检查各缩孔是否畅通。

（5）检查导向阀和传递杆。

（6）活塞杆与套的配合间隙应不大于 0.12 mm，导向杆、传递杆与套的配合间隙应不大于 0.15 mm。

（7）检查并测量弹簧。

（8）检查阀体、滤网。

（9）检查电联锁。

要求：

（1）橡胶件的检查：用手拉紧检查，应无缺损、毛刺、裂纹。

（2）夹心阀压痕过深时允许用细砂布研磨。

（3）活塞杆无弯曲，压盖不得变形。（图 2-5-4）

（4）缩孔Ⅰ直径为 1.7 mm，缩孔Ⅱ直径为 0.5 mm，缩孔Ⅲ直径为 1.2 mm。严禁使用大于缩孔直径的探针和锐器进行疏通，避免造成孔径扩大。（图 2-5-5）

（5）导向阀无裂损、变形，导向灵活、无卡滞，杆头无严重变形。

（6）弹簧无裂损、锈蚀、疲劳现象。稳定弹簧自由高度为 50 mm，复原弹簧自由高度为 48 mm。各弹簧的自由高度较原形减少量应不大于 2 mm。

（7）阀体无裂损，暗孔道畅通；滤网清洁，无破损。

（8）电联锁外观无裂损、安装牢固。用万用表测量微动开关常开、常闭联锁，阻值应不大于 0.3 Ω，不良者应更换。

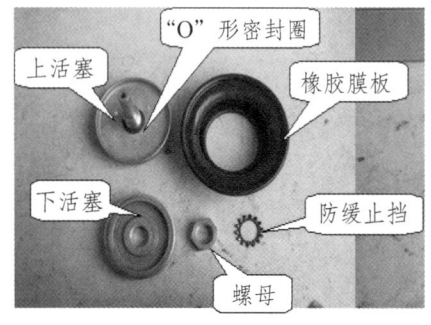

图 2-5-4

图 2-5-5

工具及材料：砂布、游标卡尺、直钢尺、数字万用表。

步骤四：组装。

（1）组装前检查。

（2）组装紧急阀下盖部分。

（3）组装紧急阀上盖部分。确认阀体上及紧急活塞杆顶部过孔垫良好，装稳定弹簧及紧急活塞，用手下压紧急活塞，导向阀、传递杆在下盖内上、下动作灵活，自复状态良好。

要求：

（1）将合格部件用绸布擦干净，再用压缩空气进行吹扫，吹净部件及阀体内部纤维毛，最后在相互摩擦的工作件表面涂适量医用凡士林。夹心阀表面不能涂油及凡士林。

（2）确认过孔垫安装良好（图 2-5-6），装夹心阀、导向阀、传递杆、复原弹簧及下盖，对角紧固螺栓。传递杆端头应与电联锁触指对正，使其全压缩且不能使电联锁外壳受力，否则需调整电联锁位置，使之达到最佳配合状态。

（3）活塞膜板筋沿应均匀地镶在阀体槽内。组装上盖时须将上盖压在阀体上，使上盖与阀体贴合，并在稳定弹簧处于压缩状态下紧固上盖螺栓。

图 2-5-6　　　　　　　　　图 2-5-7

工具及材料：压缩风源、凡士林、扳手。

步骤五：试验。

（1）准备：各转换开关置于断开位，将紧急阀微动开关的电接点与紧急阀三个连接柱相连。

（2）充风性能试验。

（3）保压性能试验。

（4）制动安定试验。

（5）紧急排风试验。

要求：

（1）将紧急阀开关"紧急阀"扳钮闭合，操作阀手柄置于快充位。测定紧急风缸压力由零上升到 480 kPa 的时间应为 40～50 s。红灯或绿灯亮。

（2）紧急风缸压力充至定压后将操作手柄置于中立位，列车管及紧急风缸压力在 1 min 内泄漏小于 5 kPa。

（3）操作阀手柄置于"制动安定"位使列车管压力降至 300 kPa 时，紧急阀不发生紧急制动作用。

（4）操作阀手柄置于快充位，使列车管及紧急风缸充至定压后移至中立位，按压"放风按钮"，观测：① 列车管压力下降至 100 kPa 之前发生紧急排风；② 紧急风缸压力由发生列车管紧急排风开始至降到 40 kPa 的时间为 20～25 s。③ 红灯与绿灯应转换。

工具及材料：压缩风源。

四、项目实施

1. 劳动组织形式

学生每 5~6 人组成一个工作小组,各小组制订出实施方案及工作计划。组长协助教师指导本组学生学习,检查项目实施进程和质量,制订改进措施,共同完成项目任务。

2. 工具材料准备

(1)作业工具:专用机架、清洗油盘、机车钳工常用工具、细钢丝、游标卡尺、万用表、钢板尺。

(2)作业材料:凡士林、植物油、酒精、水砂纸、清洗剂、绸布、白布、棉丝。

(3)使用设备:DK-1 型制动机试验台、平台。

3. 作业要求

(1)正确着装,穿戴好劳动保护用品。

(2)正确使用工、卡、量具。

(3)注意自身安全及他人安全,严禁违章作业。

4. 项目评价

按时间、质量、安全、文明、环保要求进行考核。学生先按照表 2-5-2 进行自评,在自评的基础上,由本组的同学互评,最后由教师进行总结评分。

表 2-5-2 项目考核评价表

项目要求	考核标准	考核结果
(1)时间要求	(1)不超过规定时间	(1)有一项不符合要求即不合格; (2)合格成绩为 60 分
(2)质量要求	(2)检修、维护质量符合标准	
(3)安全要求	(3)符合安全操作规程	
(4)文明要求	(4)做到文明"生产"	
(5)环保要求	(5)检修过程符合环保要求	
项目拓展		20 分
项目作业		20 分
成　绩		

注:如出现重大安全、文明、环保事故,则本项目(单元)考核记为不合格。

五、项目实施过程中注意事项

(1)工作场地应整洁。汽油等易燃品应存放良好,严禁烟火。

（2）工作前要认真检查所使用工具，严禁使用不合格工具。
（3）用汽油清洗部件时，严禁使用明火或吸烟，并注意室内通风情况。
（4）使用仪器与设备时，试验人员应熟悉其性能，否则不能操作。

六、项目作业

完成紧急放风阀检修与维护的学习任务单。

项目六 分配阀的检修与维护

一、项目要求

项目任务：对 SS_3 4000 系电力机车 DK-1 型电空制动机的 109 型分配阀进行解体、检修、维护与组装。

时间要求：教学学时为 6 课时。

质量要求：符合成都铁路局电力机车检修质量验收相关标准和技术规程。

安全要求：严格按照安全操作规程进行项目作业。

文明要求：自觉按照文明生产规则进行项目作业。

环保要求：努力按照环境保护要求进行项目作业。

理论链接 1：分配阀的作用

DK-1 型电空制动机使用的是 109 型分配阀，与客货车 104、103 型分配阀是同一系列产品。它不仅能根据电空制动控制器的操作随列车管内的压力变化来使机车产生制动、保压和缓解作用，而且能接受空气制动阀的控制，单独实现机车的制动、保压和缓解。

二、项目分析

分配阀是控制机车制动、保压和缓解的重要设备，它既能接受列车管压力变化的控制，也能单独接受空气制动阀的控制。分配阀结构比较复杂，主阀部滑阀与节制阀以及均衡部有许多暗道、管孔和缩孔，移动时接通或截断相应的气路，实现不同的作用。

分配阀的常见故障有：

（1）不保压。主要原因是滑阀、滑阀座、节止阀接触面没有接触好（主阀部是检修中最关键地方）。

（2）机车制动缸压力不成比例。主要原因是均衡部缩堵Ⅱ变大或变小。

理论链接 2：分配阀的结构

109 型分配阀包括主阀、安全阀和安装座三大部分，如图 2-6-1 所示。109 型分配阀的活塞用橡胶膜板密封，还使用了大量的"O"形橡胶密封圈，因而具有灵敏度高、密封性能好、维修简便等特点，同时还具有良好的稳定性和制动力不衰减性。

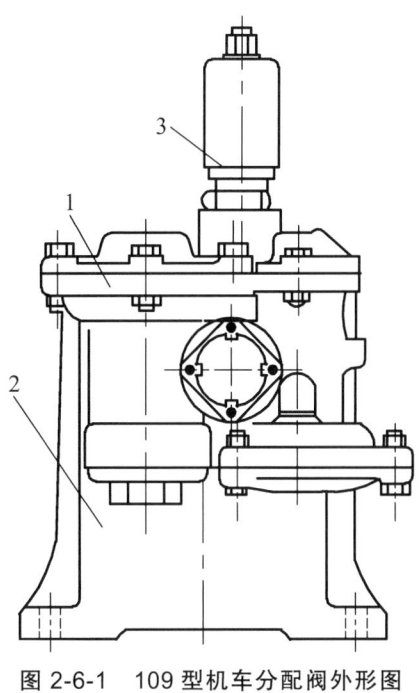

图 2-6-1　109 型机车分配阀外形图
1—主阀；2—安装座；3—安全阀

理论链接 3：分配阀的主阀结构

主阀包括主阀部、均衡部及紧急增压阀，是 109 型分配阀的主体部分，直接控制不同气路的通与断，产生制动、保压和缓解作用。

1. 主阀部

主阀部由主活塞、橡胶膜板、滑阀、滑阀座、滑阀弹簧、节制阀、节制阀弹簧、稳定杆、稳定弹簧及挡圈等组成，如图 2-6-2 所示。主活塞膜板上下两侧互相密封，膜板上侧与列车管相通，下侧与工作风缸相通。主阀部就是利用膜板活塞上下两侧列车管与工作风缸之间的压力差使主活塞上下移动，从而带动节制阀和滑阀移动，形成不同的工作位置，产生充气、局减、制动、保压等作用。

由稳定杆、稳定弹簧和挡圈等零件组成的稳定机构安装在主活塞杆尾部的套筒内，它在一定程度上阻碍主活塞的向上运动，这样就可以防止运行中因列车管的轻微泄漏或压力波动而引起的意外制动，从而提高了分配阀在缓解状态时的稳定性。

节制阀、滑阀和滑阀座上开设以下一些孔槽，用以形成不同的通路。

l_2 和 l_3——列车管孔；l_5——列车管向工作风缸的充气孔；l_6——局减孔；l_7——局减室入孔，与 l_6 上下贯通；l_8 和 l_9——无作用孔；l_{10}——局减联络槽；g_1——列车管向工作风缸的充气限制孔；r_1——制动孔；r_2——通容积室孔；d_1——缓解联络槽；d_2——通大气孔；ju_1——通局减室孔；z_1——无作用孔。

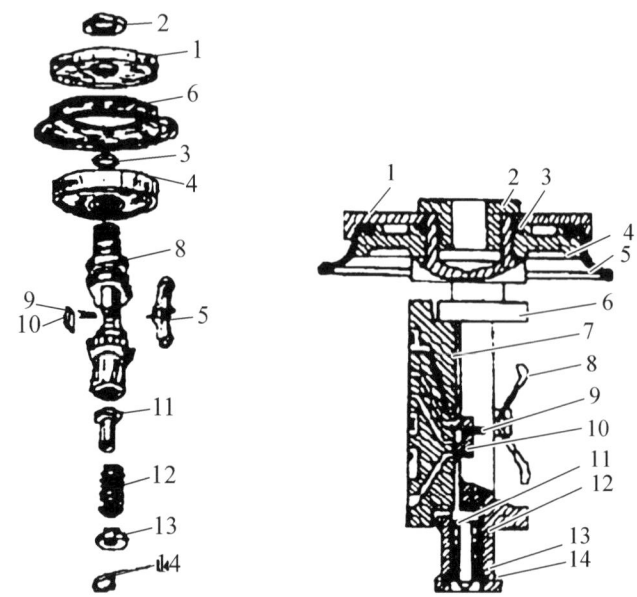

图 2-6-2　109 型分配阀主阀部结构图

1—上活塞；2—活塞压帽；3—密封圈；4—下活塞；5—橡胶膜板；6—主活塞杆；7—滑阀；8—滑阀弹簧；9—节制阀弹簧；10—节制阀；11—稳定杆；12—稳定弹簧要；13—稳定弹簧座；14—挡圈

2. 均衡部

均衡部由均衡活塞、橡胶膜板、均衡阀盖、均衡阀、均衡阀杆、均衡阀座、空心阀杆、阀弹簧、"O"形圈等组成，如图 2-6-3 所示。橡胶膜板上侧经缩口通制动缸，下侧通容积室。均衡活塞杆上的轴向中心孔经杆上的四个径向孔通大气。均衡阀上侧通总风管，下侧通制动缸。均衡阀杆的上方也通制动缸。

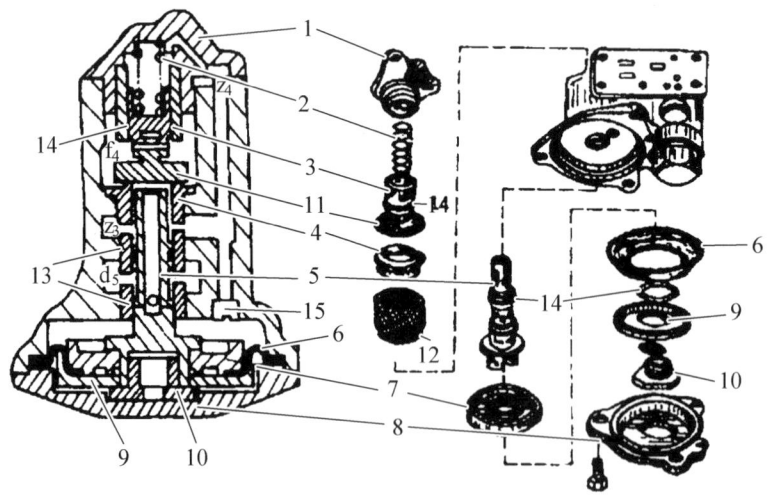

图 2-6-3　109 型分配阀均衡部结构图

1—均衡上盖；2—供气阀弹簧；3—供气阀导杆；4—阀座；5—空心阀杆；6—橡胶膜板；7—上活塞；8—均衡下盖；9—下活塞；10—均衡活塞压帽；11—供气阀；12—滤网；13—阀杆套；14—密封圈；15—缩堵；$z_{3、4}$—通制动缸；f_4—通供气阀上方供气阀室；d_5—大气孔

均衡部的位置和作用受容积室压力的控制。容积室受主阀部和空气制动阀的控制。当容积室内压力上升或下降时，均衡活塞随之上移或下降，使均衡阀开启或关闭，控制制动缸的进气、排气和保压力，从而实现机车的制动、缓解和保压。

3. 紧急增压阀

紧急增压阀由阀弹簧、增压阀套、增压阀杆和密封圈等组成，是为施行紧急制动时提高制动缸压力，确保行车安全而设置的。109 型分配阀所带的工作风缸的容积是按常用制动确定的，施行紧急制动时容积室不能从工作风缸获得足够的压力空气，故机车制动力不足，适应不了紧急制动的需要。设置紧急增压阀后就可在施行紧急制动时，由紧急增压阀连通总风管和容积室，使机车产生足够的制动力，满足紧急制动的需要。

增压阀杆的上侧与列车管相通，轴向中心孔经下部径向小孔通容积室。增压阀套压装在主阀体内，径向有 8 个小孔与总风管相通。在缓解状态及施行常用制动时，增压阀杆在阀弹簧和列车管压力空气的共同作用下位于下极端位置，总风不能送入容积室。施行紧急制动时，列车管压力迅速下降，增压阀下侧容积室压力又快速上升，当容积室压力上升到一定值后，增压阀杆便移动到上极端位置，总风管压力空气经阀套径向孔和阀杆径向孔进入容积室，容积室迅速增压，机车制动力增加。

4. 主阀体

主阀体是主阀部分的安装基础，其内有安装主阀部、均衡部和增压阀的空腔，还压装有与各部件相配的铜套，并设有许多暗道作为内部气路。主阀安装座面上的通孔如图 2-6-4 所示。

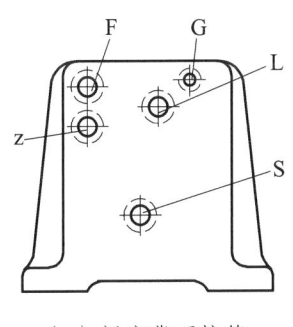 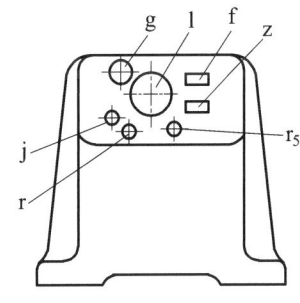

（a）阀座背面接管　　　　　　　　　　（b）阀座正面接管

图 2-6-4　109 型分配阀阀座配管图

F、f—总风缸；G、g—工作风缸；L、l—列车管；Z、z—制动缸；S—作用管；r、r_5—容积室；J—局减室

 理论链接 4：分配阀的安全阀结构

安全阀由阀体、阀、阀杆、调整弹簧等组成，如图 2-6-5 所示。安全阀位于安装座顶面，通过暗道与容积室相通。它主要用来在紧急制动时将容积室压力控制在规定的范围内，整定值为 450 kPa（无动力回送时为 200 kPa）。

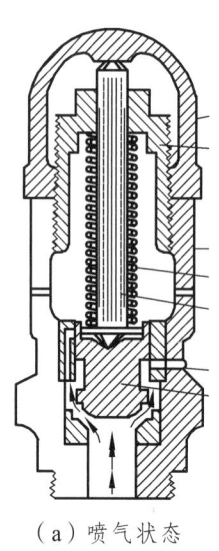 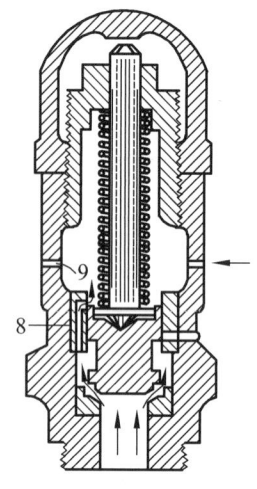

（a）喷气状态　　　　　　　　　　（b）停止喷气状态

图 2-6-5　分配阀安全阀

1—螺帽；2—调整螺丝；3—阀体；4—调整弹簧；5—阀杆；6—排风口；7—阀；8—直立孔；9—通气孔

当容积室压力超过调整弹簧的整定压力时，阀稍稍离开阀座，压力空气进一步作用在较大的阀面上，使阀快速上升，一方面关闭左侧直立孔，另一方面开放排风口，使容积室压力降低。当容积室内的压力逐渐降低到调整弹簧调整压力以下时，调整弹簧将阀稍稍压下，阀在下降途中将左侧直立孔打开，容积室压力空气进入阀的上面，使阀上方压力增大，阀迅速下落关闭排风口，容积室压力不再继续下降。

 理论链接 5：分配阀的安装座

安装座内铸有 1.85 L 的容积室空腔和 0.6 L 的局减室空腔。安装座接管面分别接总风缸管 F、制动缸管 Z、作用管 R、列车管 L 和工作风缸管 G。工作风缸也是分配阀的组成部分之一，由于其容积较大，因而不宜设置在安装座内。又由于机车常用制动时制动缸压力是由工作风缸与容积室的压力平衡决定的，故对不同的车型也需配置不同容积的工作风缸。

工作风缸的主要作用就是在列车管充气缓解时储存与列车管相同压力的空气，在施行制动时向容积室输送，使机车产生制动作用。工作风缸与容积室的容积比决定着常用制动时的机车制动缸压力。

 理论链接 6：分配阀的作用原理

109 型分配阀共有充风缓解、初制动、常用制动、保压和紧急制动五个作用位置。其中稳定作用位置有三个，分别是充风缓解位、保压位和紧急位。初制动和常用制动位是过渡作用位置。109 型分配阀各部的控制关系如图 2-6-6 所示。

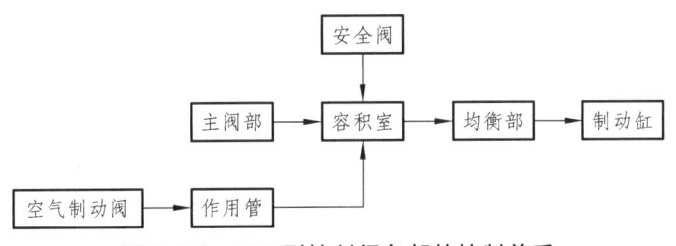

图 2-6-6　109 型控制阀各部的控制关系

1. 充风缓解位

充风缓解位的工作原理如图 2-6-7 所示，分初充风和再充风缓解两种工况。

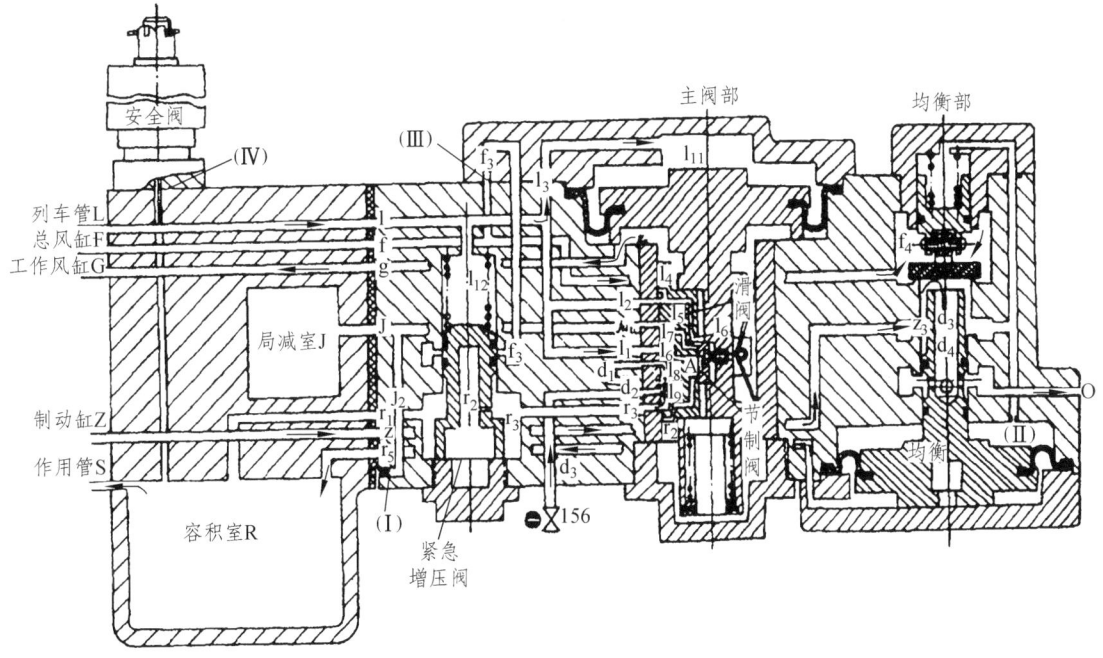

图 2-6-7　分配阀作用原理图-充风缓解位

1）初充风

列车管压力为零时由总风缸向列车管充风至定压叫作初充风。列车管充风时，压力空气经安装座主阀安装座面 1 孔进入主阀，经主阀体内暗道及通路 l_1 到主阀部主活塞上方，将主活塞推向下方。主活塞通过其上肩推动滑阀一起向下移，直至主活塞下底面碰到主阀体时为止。此时主活塞及滑阀处于充风缓解位，并开通以下通路：

（1）列车管→工作风缸。

列车管压力空气经主阀安装面孔 1→滑阀座充风孔 l_2→滑阀充风孔 l_5→滑阀充风限制孔 g_1→滑阀室→滑阀室孔 g_2→主阀安装座面孔 g→安装座孔 G 向工作风缸充风，直到工作压力与列车管压力相等为止。

（2）列车管→紧急增压阀杆上方。

列车管压力空气经主阀安装面 1 孔→主阀体孔 l_2 充入紧急增压阀杆上方，列车管压力空气与增压阀弹簧共同使增压阀杆处于下部关闭位置。

2）再充风缓解

列车管减压制动后，总风缸向列车管充风至定压并使机车缓解叫作再充风缓解。

再充风时，列车管增压，使主活塞在制动保压时的平衡状态受到破坏。当主活塞两侧的压差和自重超过滑阀与节制阀的摩擦阻力后，主活塞便带动滑阀下移到充风缓解位，此时，除工作风缸经和初充风相同的通路获得再充气外，容积室与制动缸还经以下通路排大气，使机车缓解。

（1）均衡活塞下方均衡室→容积室→大气。

均衡活塞下方均衡室经主阀体内暗道 r_4→主阀体安装面孔 r_5→容积室→主阀安装面 r 孔→增压阀杆下部→滑阀座孔 r_2→滑阀缓解联络槽 d_1→滑阀座孔 d_2→主滑部排风口 d_3 排向大气，均衡室和容积室压力下降。

（2）制动缸→大气。

由于均衡室压力下降，均衡活塞上下失去了压力平衡，制动缸压力使均衡活塞下移，均衡活塞杆上部空心阀口脱离均衡阀，使得制动缸压力空气经安装座孔 Z→主阀体安装面孔 z→均衡活塞杆上部外围空间 z_3→均衡活塞杆轴向孔和径向孔 d_5→均衡部排风口 O 排向大气。同时，均衡活塞上侧和均衡阀杆上侧的压力空气也经上述通路排向大气。制动缸压力下降后，机车缓解。

2. 初制动位

初制动位的工作原理如图 2-6-8 所示。

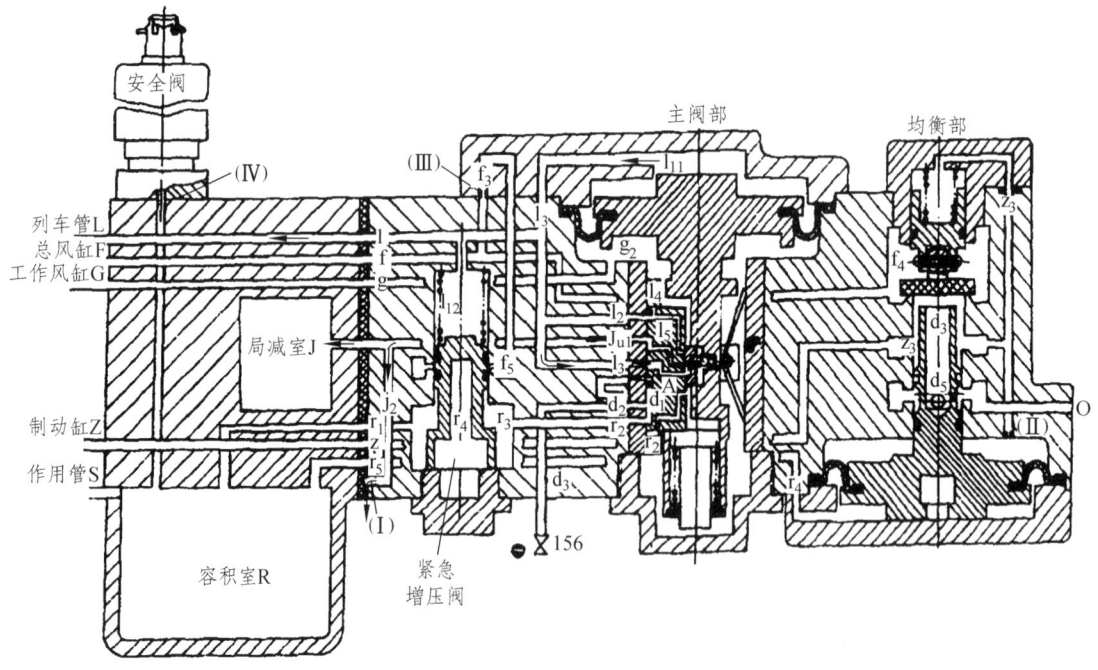

图 2-6-8 分配阀作用原理图-初制动位

对列车管进行常用制动减压时，因工作风缸压力空气来不及经充气通路向列车管逆流，于是在主活塞上下两侧产生一定的压差。最初时，压力差较小，主活塞不足以克服尾部稳定弹簧的反力和滑阀与滑阀座间的摩擦阻力，因而只能先带动节制阀上移一个间隙距离（4 mm），实现以下一些功能。

（1）关闭滑阀上工作风缸充风限制孔 g_1，阻断列车管与工作风缸管间的通路。

（2）开放滑阀上的制动孔 r_1，为制动位时工作风缸向容积室供风做好准备。

（3）节制阀局减联络槽 l_{10} 连通滑阀上的 l_6 与 l_7，使列车管压力空气经主阀安装面 l 孔→滑阀座孔 l_3→滑阀贯通孔 l_6→节制阀联络槽 l_{10}→滑阀贯通孔 l_7→滑阀座局减孔 ju_1 通向局减室 J 并经安装座面上的 $\phi0.8$ mm 缩孔排向大气，使列车管产生快速小量减压，从而在主活塞两侧形成较大的压差，克服滑阀与滑阀座之间的摩擦力，使主活塞带动滑阀继续上移过渡到制动位。

3. 制动位

制动位的工作原理如图 2-6-9 所示。

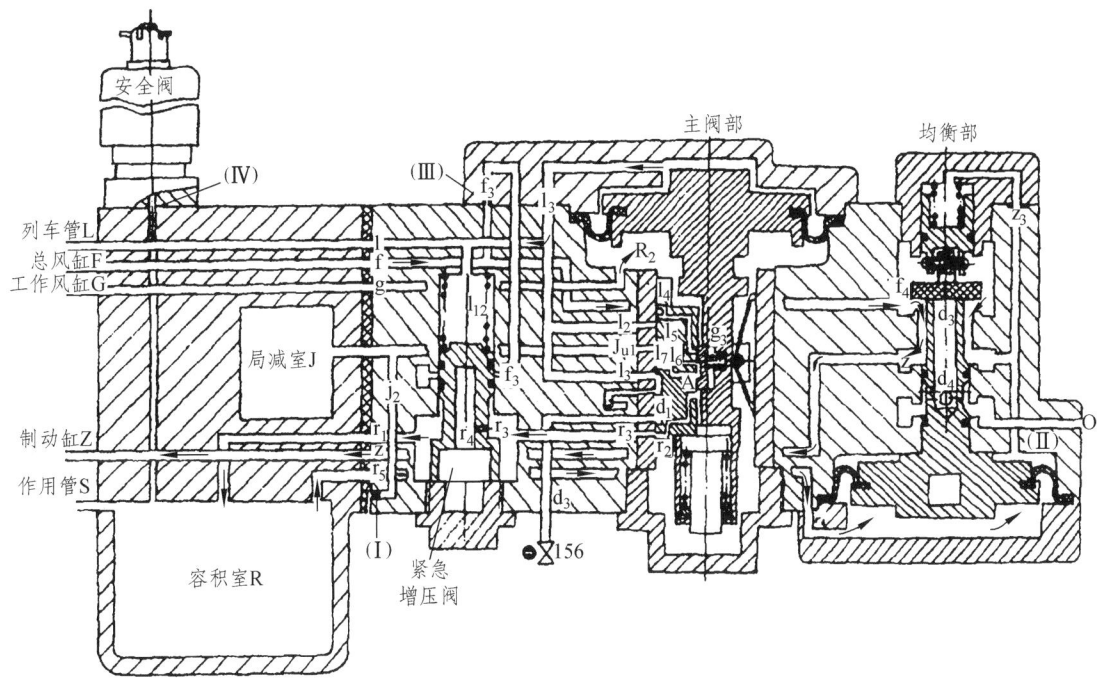

图 2-6-9　分配阀作用原理图-制动位

随着列车管减压量的增加，分配阀主活塞上下两侧的压力差随之增大，足以克服滑阀与滑阀座之间的摩擦阻力，使主活塞带动滑阀上移到制动位。由于滑阀与滑阀座之间的相对位置发生了变化，滑阀上的 l_6 孔与滑阀座上的 l_3 孔错位，截断列车管与局减室间的通路，使列车管的局减作用结束。同时，滑阀上的 l_8、l_9 和 r_1 孔分别与滑阀座上的 l_3、z_1 和 r_2 孔对正，形成工作风缸向容积室和均衡室以及总风管向制动缸供风的通路，从而使机车产生制动作用。

（1）工作风缸→容积室→均衡室。

工作风缸压力空气经主阀安装座面孔 g→滑阀室孔 g_2→滑阀室→滑阀制动孔 r_1→滑阀座

容积室孔 r_2→增压阀杆周围通道→主阀安装面孔 r→容积室 R→主阀安装面孔 r_5→主阀体暗道和主阀体底面孔 r_4→均衡活塞下方均衡室。

（2）总风管→制动缸。

均衡室压力上升后，压缩空气推动均衡活塞上移顶开均衡阀。均衡阀打开后，总风管压力空气经体内暗道→均衡阀气室上方 f_4→开放的均衡阀口→均衡活塞上端外围空间 z_3→主阀安装座面孔 z 向制动缸充气，制动缸压力上升，机车产生制动作用。同时，到达均衡活塞上端外围空间 z_3 的压力空气经缩孔（Ⅱ）进入均衡活塞上侧，用以平衡均衡活塞下方的压力。

制动位时，由于紧急增压阀杆上部的列车管剩余压力与阀弹簧作用力之和仍大于容积室压力，增压阀杆处于下端而不产生增压作用。

4. 制动保压位

制动保压位的工作原理如图 2-6-10 所示。

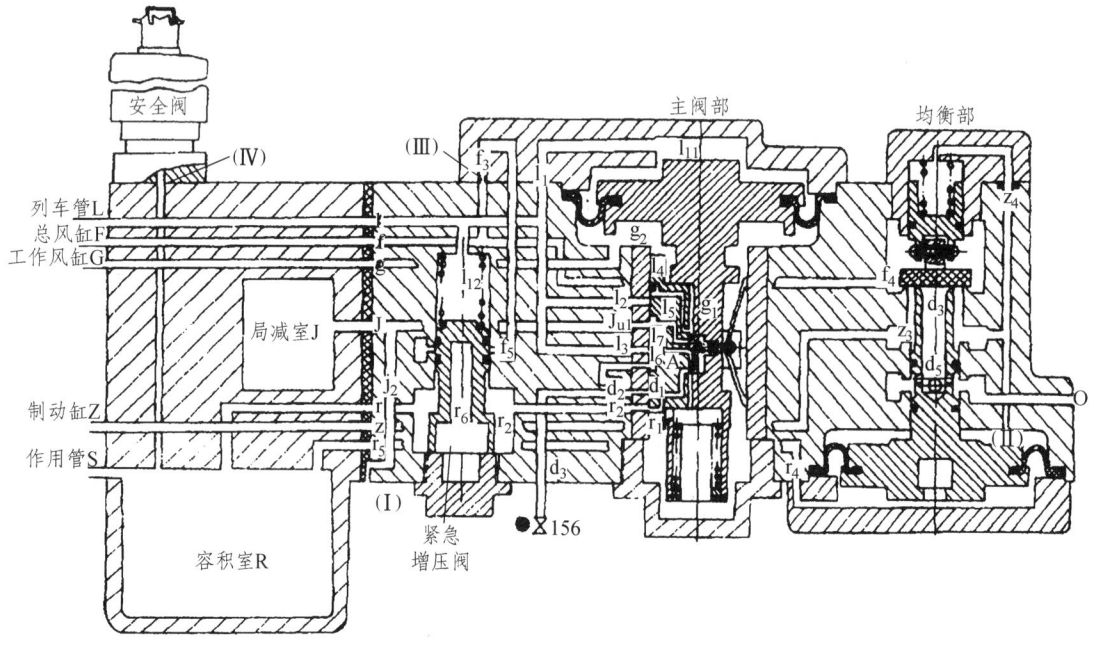

图 2-6-10 分配阀作用原理图-制动保压位

列车管刚停止减压时，由于主活塞和滑阀、节制阀还处在制动位，工作风缸仍继续向容积室和均衡室充气，因而其压力将进一步下降。当主活塞上下两侧的列车管和工作风缸压力相近时，主活塞便在尾部被压缩了的稳定弹簧及其自重的作用下，带动节制阀下移一个间隙距离（4 mm），节制阀刚好遮住滑阀上的制动孔 r_1，截断工作风缸向容积室充气的通路，形成制动后的保压位，容积室、均衡室停止增压。当容积室压力刚停止上升时，均衡阀仍处于开放状态，总风管仍在向制动缸充气，制动缸压力还继续上升。当通过缩孔（Ⅱ）进入均衡活塞上侧制动缸的空气压力增大到与均衡室压力相近时，均衡阀在均衡阀弹簧及均衡活塞自重的共同作用下压着均衡活塞一起下移并密贴于均衡阀座上，关闭阀口，截断总风管向制动缸充气的通路，制动缸压力停止上升，形成保压状态。

5. 紧急制动位

紧急制动位的工作原理如图 2-6-11 所示。

当列车管急速排风时，分配阀产生紧急制动作用，形成紧急制动位。在紧急制动位时，除紧急增压阀外，主阀各部的作用均与常用制动位相同，只不过动作更加迅速，通路相对更大一些，仍要构成工作风缸向容积室和均衡室以及总风管向制动缸充气两条通路。

由于列车管压力急速下降，在增压阀上部的列车管压力也急剧下降，同时又由于增压阀杆下部容积室压力快速上升，当容积室压力上升到足以克服列车管较小剩余压力及增压阀弹簧的作用力时，增压阀上移，开放增压阀套上和径向小孔，使得总风管压力空气快速进入容积室和均衡室，容积室和均衡室压力快速升高，机车产生紧急制动。

容积室压力受安全阀控制，当容积室和均衡室压力超过 450 kPa 时，安全阀喷气，排除多余压力空气，使容积室、均衡室压力不超过 450 kPa。

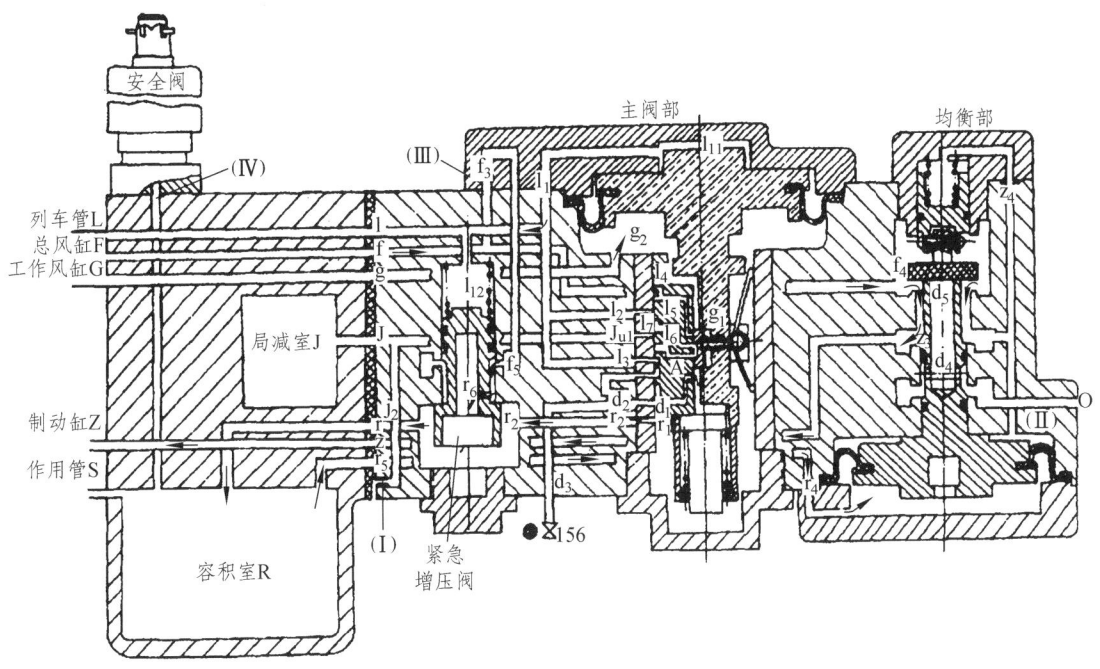

图 2-6-11 分配阀作用原理图-紧急制动位

6. 制动缸压力的单独控制

109 型分配阀均衡部受容积室压力控制。容积室的压力既受主阀部控制，也受空气制动阀的控制，因而空气制动阀可通过容积室对机车进行单独制动和缓解。

当分配阀主阀处于充风缓解位时，容积室压力空气将经缓解通路和主阀部排气口 d_3 排向大气，如果此时司机通过空气制动阀对机车施行单独制动操作，那么由空气制动阀经作用管送入容积室的压力空气也将由上述通路排向大气，司机的单独制动操作不会产生作用。为此，109 型分配阀用于 DK-1 型电空制动机中时，在排风口 d_3 外接一缓解塞门 156，同时在作用管支路上增设排风1电空阀254。在作本务机车使用时，缓解塞门156处于关闭状态，因而容积室压力空气的排除受空气制动阀和排风1电空阀254的控制，而不受分配阀主阀部作用位置的影响。

三、项目实施的路径与步骤

（一）项目实施路径

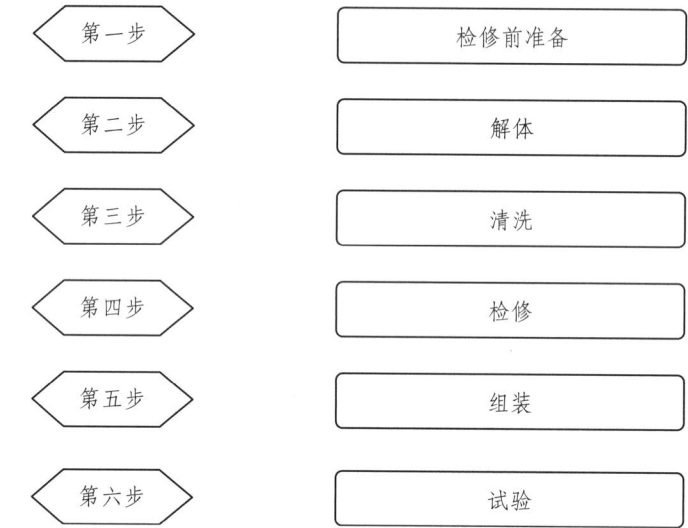

（二）项目实施步骤

 理论链接7：分配阀检修基本要求

（1）各部无泄漏，各作用位作用良好。
（2）更换橡胶件时，其规格、技术要求符合原形图纸的要求。
（3）各部件清洁度符合"电力机车清洁度标准"要求。
（4）分配阀的试验要求如下：
① 充气、缓解位：当列车管缓解时（风压为500 kPa），工作风缸风压由零升至500 kPa的时间为60～80 s。
② 初制动位：列车管的减压量不大于20 kPa。
③ 全制动时制动缸升压时间为5～7 s。
④ 紧急位：紧急制动后制动缸压力升至400 kPa时间不大于4～7 s。
⑤ 安全阀开启压力为（450±10）kPa。
（5）中修主要尺寸限度如表2-6-1所示。

表 2-6-1　分配阀中修主要尺寸限度

序号	名称		中修限度
1	各阀口磨修量		≤0.5 mm
2	紧急阀杆与套，均衡阀杆与套的配合间隙		≤0.20 mm
3	均衡阀压痕深度		≤0.5 mm
4	簧自由高度较原形高度的减少量	增压阀弹簧和均衡阀弹簧	≤3.0 mm
		递动弹簧	≤2.0 mm
		节制阀弹簧	≤1.5 mm
		安全阀调整弹簧	≤2.0 mm

步骤一：检修前准备。

将分配阀移至作业台面。

要求：移动时不要损坏各配件。

步骤二：解体。（图 2-6-12 和图 2-6-13）

（1）用毛刷清扫外部灰尘，检查阀体各部外观。

（2）解体主阀部。用 19 固定扳手将主阀活塞上盖的 3 个 M12×45 的螺杆拆下，取下阀体上 3 个过孔垫，卸下上盖并用 150 mm 平口螺丝刀旋下盖上缩堵Ⅲ。用 M19 螺杆抽出主阀活塞杆组成及滑阀，用钢针冲出滑阀销，取下滑阀、节止阀、节止阀弹簧、滑阀弹簧。用 19 固定扳手分解主活塞，用 450 mm 管钳拆下主阀部后盖。

（3）解体均衡部和增压部。用 19 固定扳手将均衡部上盖 3 个 M12×45 的螺杆拆下，卸下均衡部上盖，将阀体上缩堵Ⅱ旋下，抽出均衡活塞及活塞杆。用 27 固定扳手分解均衡膜板，用 17 固定扳手拆下均衡阀上盖 2 个 M10×40 的螺栓，依次取出均衡弹簧、均衡阀杆及阀、滤网。用 300 mm 活动板手旋下紧急增压阀盖，用 M19 螺杆抽出增压阀和弹簧。

要求：阀体各部无裂损，铭牌完整。156 塞门安装处 d_3 排风口不得裂损。

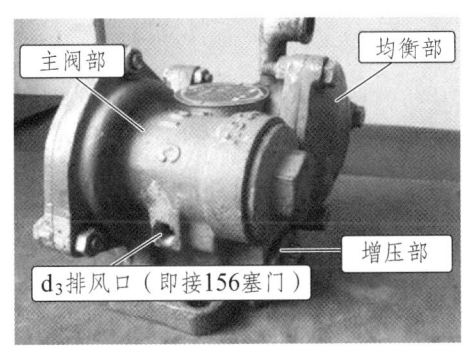

图 2-6-12　解体前

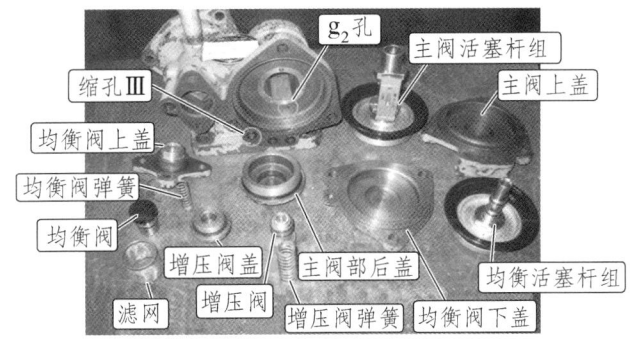

图 2-6-13　解体后

工具及材料：毛刷、150 mm 平口螺丝刀 1 把、17-19 固定扳手 2 把、钢针 1 把、450 mm 管钳 1 把、300 mm 活动扳手 1 把、125 mm 虎钳 1 台。

步骤三：清洗。

（1）将解体后的零件（橡胶件除外），均置于油盘中，用汽油清洗。

（2）用压缩空气对清洗后的部件进行吹扫，对阀体内部各暗孔、沟槽必须认真吹扫。

要求：
(1) 清洁度符合Ⅰ级要求。
(2) 内部不得有残余油垢及异物。吹扫干净的零件按拆卸顺序依次摆放在洁净的工作台面上。

工具及材料：油盘、汽油、绸布、压缩风源。

步骤四：检查修理。
(1) 检查阀盖、阀体等铸件。
(2) 检查阀体内部、滑阀座孔槽及各限制孔、缩孔堵。
(3) 更换所有"O"形密封圈。分配阀主活塞杆、增压阀杆、均衡阀杆"O"形圈为D25×2.4，分配阀均衡部空心阀杆为"O"形圈为D20×2.4，均衡活塞杆为D35×3.1，增压阀盖为D40×3.1，均衡上盖为D45×3.1，主阀后盖为D75×31，过孔垫直径为16 mm。
(4) 检查各活塞及活塞杆。
(5) 检查各阀与套应无拉伤、偏磨现象，其相互间的配合应符合技术要求。
(6) 检查均衡阀阀口。
(7) 检查均衡阀压痕深度。
(8) 检查测量各弹簧。
(9) 检查均衡部滤网。
(10) 外观检查所有带丝扣的零部件。
(11) 手感检查铜套应压装牢固、无松动。
(12) 用标准钢针疏通各缩孔，严禁使用其他锐器进行探试。缩孔Ⅰ、Ⅱ、Ⅲ的直径为直径 0.8 mm。
(13) 更换主阀部及均衡阀部橡胶膜板。
(14) 检查滑阀与滑阀座，滑阀与节止阀的研磨。

要求：
(1) 无砂眼、裂纹，安装平面不得有碰伤及变形。
(2) 无油垢及异物堵塞，清洁度符合Ⅰ级要求。
(3) 橡胶件的检查：用手拉紧检查无缺损、毛刺、裂纹。
(4) 无碰伤、变形及裂纹。
(5) 用游标卡尺测量增压阀杆与套，均衡阀杆与套的配合间隙不大于 0.12 mm。
(6) 无锈蚀麻坑、拉伤，不良时可用圆柱形油石磨修。磨修量应不大于 0.5 mm。
(7) 不大于 0.5 mm，对接触面压痕不均或过深者，用细砂纸在研磨平台上进行研磨，研磨量不得大于硬芯下胶层的 1/2。
(8) 无折损、锈蚀、变形、衰弱。用直钢尺测量各弹簧自由高度，其原形尺寸如下：均衡阀弹簧为 40 mm，增压阀弹簧为 53 mm，节止阀弹簧为 14 mm。各弹簧自由高度较原形高度的减少量应满足：增压阀弹簧和均衡阀弹簧不大于 2.0 mm，节止阀弹簧不大于 1.0 mm。
(9) 无破损，无铜丝露出。
(10) 丝扣应良好、无锈蚀。
(11) 畅通不堵塞。缩孔Ⅲ直径不能太大，以免紧急制动时制动缸缓解不到零；太小则紧急制动时闸缸压力上升到 450 kPa 的时间过长。

（12）主阀膜板直径为 126 mm，均衡膜板直径为 116 mm。在更换膜板过程中，套在活塞杆上的"O"形密封圈应安装正确，活塞压帽螺丝紧固。如果套在活塞杆上的"O"形密封圈密封状态不良或者漏装，其现象如同膜板破损，所以在检修过程中不可忽视。

（13）滑阀与滑阀座轻度接触不良的，应进行对研。即在滑阀面上均匀地涂一薄层研磨膏，然后与阀座轻轻对研。在研磨过程中，滑阀与滑阀座孔、槽应一一对应，同时应不断变换接触面的方向，防止研偏。当研磨膏研干后，观察接触面状态，如接触面未达到均匀一致的光泽，可在较高的处所涂以研磨剂，再进行对研，直至整个接触面呈现均匀光泽，消除贯通拉痕为止。对偏磨的滑阀消除偏磨后，还应对造成偏磨原因的滑阀弹簧及穿销进行更换或整形，以保证接触面受力均匀。对于接触不良稍严重的，为了缩短对研的时间，可将其高出部分用平头铲刀铲除，使整个接触面大体接触后，再进行对研。也可用油石磨平，再进行对研。滑阀与节止阀的研磨采用手工对磨。

工具及材料：橡胶件、游标卡尺、油石、砂布、钢板尺、标准钢针、汽油、压缩空气、油盘、绸布、研磨膏。

步骤五：组装。（图 2-6-14 ~ 2-6-22）

（1）组装前对合格配件进行清洁处理。
（2）组装增压部。
（3）组装均衡部。
（4）组装主阀部。

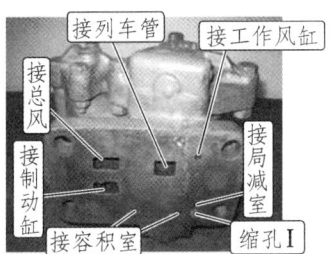

图 2-6-14

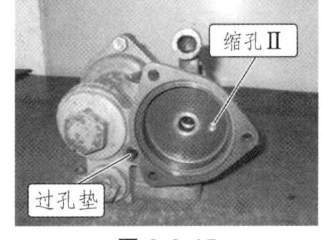

图 2-6-15

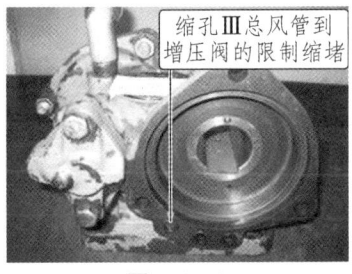

图 2-6-16

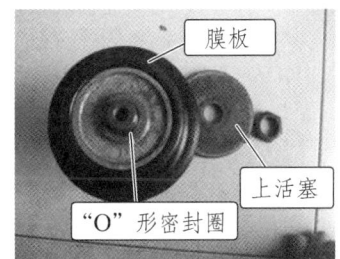

图 2-6-17

图 2-6-18

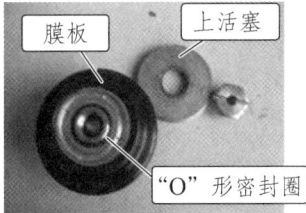

图 2-6-19

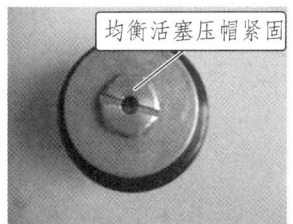

图 2-6-20

图 2-6-21

图 2-6-22

要求：

（1）滑阀、滑阀座、节止阀研磨后应用干净汽油洗净，用洁净绸布擦拭干净后，再用压缩空气吹净残余纤维毛。各配件整洁、干净，清洁度符合Ⅰ级要求。

（2）先装增压阀弹簧，在增压阀密封圈涂少量的医用凡士林，装入增压阀的同时用手下压数次，确认动作灵活、自复良好、无卡滞，然后拧紧增压阀盖。

（3）安装缩堵Ⅱ，紧固良好，不得高出安装面。过孔垫安装良好。在空心阀杆密封圈上涂少量医用凡士林，装入均衡活塞及活塞杆，上、下拉动和下压数次，确认良好。装均衡下盖，对角分部紧固安装螺丝，以防止活塞变形或受力不均。在均衡阀杆密封圈上涂少量医用凡士林，装入均衡阀杆及阀，装入滤网，检查过孔垫。安装均衡阀弹簧、均衡上盖，对角紧固螺钉。

（4）安装主阀部后盖，安装缩堵Ⅰ、Ⅲ，紧固良好，不得高出安装面。在节止阀座上涂201甲级硅油，对应孔槽安装节止阀、节止阀弹簧。左手抬起滑阀，右手拿主阀活塞杆组，将节止阀弹簧装入主阀活塞杆弹簧孔。安装滑阀弹簧及滑阀销，手动滑阀良好无卡滞。在滑阀座及滑阀面上涂201甲级硅油，装入主阀活塞杆组成及滑阀，上、下拉动和下压数次良好，检查过孔垫安装良好，安装阀盖，对角分部紧固安装螺钉，防止活塞变形或受力不均。

工具及材料：汽油、油盘、绸布、凡士林、201甲级硅油、扳手。

步骤六：试验。

试验步骤及要求如表 2-6-3 所示。

工具及材料：DK-1 型制动机试验台。

表 2-6-3

序号	试验步骤	试验标准
1	准备	将组装好的分配阀安装在试验台上，闭合分配阀转换开关，其余各阀的转换开关置断开位，将分配阀的156塞门打开
2	充气及泄漏试验	操作阀手柄移至快充位，观察工作风缸压力变化，工作风缸压力由0升到480 kPa的时间应为60~80 s。如果充风时间过短或者工作风缸紧随列车管充风，则应检查膜板、活塞杆上"O"形圈及紧固螺母是否松脱。工作风缸充到定压后，用肥皂水刷主阀部上盖、主阀部后盖、均衡阀上盖及工艺孔应无泄漏，刷156塞门、均衡部 d_5 排风口允许肥皂水少许鼓泡保持5 s内不破灭。操作阀手柄移至常制位使列车管减压100 kPa后再将手柄移至中立位，待列车管稳定后保压1 min，列车管、工作风缸、作用管、闸缸泄漏量不大于5 kPa。保压时用肥皂水检查各排风口及结合部泄漏，各结合部不得泄漏，排风口允许肥皂水少许鼓泡，且5 s内不破灭，保压1 min内不得发生自然缓解

续表 2-6-3

序号	试验步骤	试验标准
3	制动及缓解灵敏度试验	操作阀手柄移至快充位,使列车管及工作风缸充至定压并稳定,作用管闸缸应缓解至 0。将操作阀手柄置于"制动灵敏度"位使列车管减压 40 kPa 后,松开按钮,列车管减压至 20 kPa 时应起制动。操作阀手柄移至慢充位,观察作用管的缓解情况,在 15 s 内缓解
4	稳定性试验	操作手柄移至快充位使列车管及工作风缸充至定压并稳定后移至"中立位",按压"制动稳定度"按钮减压 40 kPa,工作风缸与列车管同时下降,不得发生制动作用
5	自动补风灵敏度实验及全缓解试验	操作阀手柄移至快充位使列车管及工作风缸充至定压后将操作阀手柄移至中立位。操作阀手柄置"制动灵敏度"位,使列车管减压至 360 kPa 后置中立位,打开实验台右侧"闸缸排"塞门,使制动缸压力降低 10 kPa 左右后关闭塞门,制动缸压力应恢复至原有压力。操作阀手柄移至快充位,测定:作用管压力下降至 40 kPa 的时间 5~7 s,闸缸应紧随作用管压力下降,下降过程中作用管与闸缸的压力差小于 20 kPa
6	紧急增压试验	待工作风缸充至定压后,将列车管压力空气排尽。当列车管压力下降至 200~300 kPa 时,有紧急增压作用,作用管压力应继续上升。发生紧急增压作用后将"安全阀"拉阀拉出,安全阀在作用管压力升至 450 kPa 时应急速排风

四、项目实施

1. 劳动组织形式

学生每 5~6 人组成一个工作小组,各小组制订出实施方案及工作计划。组长协助教师指导本组学生学习,检查项目实施进程和质量,制定改进措施,共同完成项目任务。

2. 工具材料准备

(1)作业工具:清洗盘、专用支架、刮刀、油石、常用钳工工具、顶针、卡钳、游标卡尺、钢板尺。

(2)作业材料:凡士林、研磨膏、水砂纸、清洗剂、绸布、白布、棉丝。

(3)使用设备:DK-1 型制动机试验台、钳工台。

3. 作业要求

(1)正确着装,穿戴好劳动保护用品。

(2)正确使用工、卡、量具。

(3)注意自身安全及他人安全,严禁违章作业。

4. 项目评价

按时间、质量、安全、文明、环保要求进行考核。学生先按照表 2-6-4 进行自评,在自评的基础上,由本组的同学互评,最后由教师进行总结评分。

表 2-6-4 项目考核评价表

项目要求	考核标准	考核结果
（1）时间要求	（1）不超过规定时间	（1）有一项不符合要求即不合格；
（2）质量要求	（2）检修、维护质量符合标准	
（3）安全要求	（3）符合安全操作规程	（2）合格成绩为 60 分
（4）文明要求	（4）做到文明"生产"	
（5）环保要求	（5）检修过程符合环保要求	
项目拓展		20 分
项目作业		20 分
成　　绩		

注：如出现重大安全、文明、环保事故，则本项目（单元）考核记为不合格。

五、项目实施过程中的注意事项

（1）工作场地应整洁。汽油等易燃品应存放良好，严禁烟火。
（2）工作前要认真检查所使用工具，严禁使用不合格工具。
（3）用汽油清洗部件时，严禁使用明火或吸烟，并注意室内通风情况。
（4）使用仪器与设备时，试验人员应熟悉其性能，否则不能操作。

六、项目作业

完成分配阀检修与维护的学习任务单。

项目七　QTY 型调压阀的检修与维护

一、项目要求

项目任务：对 SS₃ 4000 系电力机车的 QTY 型调压阀进行解体、检修、维护与组装。
时间要求：教学学时为 6 课时。
质量要求：符合成都铁路局电力机车检修质量验收相关标准和技术规程。
安全要求：严格按照安全操作规程进行项目作业。
文明要求：自觉按照文明生产规则进行项目作业。
环保要求：努力按照环境保护要求进行项目作业。

　理论链接 1：QTY 型调压阀的作用

调压阀是为了满足制动系统的不同工作压力要求并保证压力空气稳定供给而设置的。在 DK-1 型电空制动机中共使用了三个 QTY-15 型调压阀：一个用于调整均衡风缸压力，代号为 55；另两个用来调整空气制动阀作用管或均衡风缸管的压力，代号分别为 53（Ⅰ端）、54（Ⅱ端）。

二、项目分析

调压阀是调整作用管及均衡风缸压力的重要部件。电空位操作时，53（54）调压阀用于调整作用管压力，压力调整值为 300 kPa，以保证机车单独制动性能。空气位操作时，53（54）调压阀用于调整均衡风缸压力，压力调整值为 500（600）kPa，保证列车缓解时制动管压力为定压；55 调压阀用于调整机车均衡风缸压力，调整值为 500（600）kPa，以保证列车自动制动性能。

调压阀的常见故障有：
（1）溢流孔堵塞，缓解时制动管压力高于定压。
（2）调整弹簧老化，输入压力大于输出压力。

　理论链接 2：QTY 型调压阀的结构

QTY-15 型调压阀由调整手轮、弹簧座、调整弹簧、膜板、进风阀、溢流阀、阀杆、阀弹簧、"O"形密封圈及上下阀体组成，如图 2-7-1 所示。

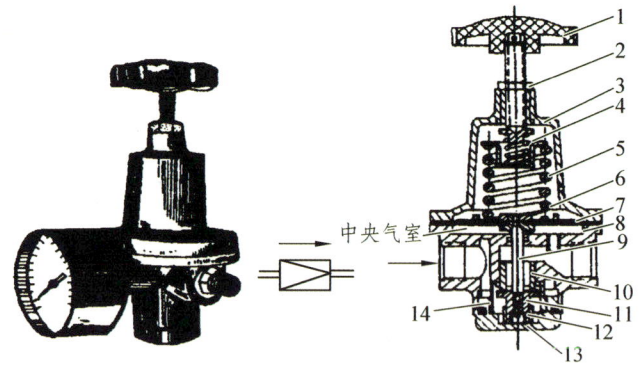

图 2-7-1　QTY 型调压阀

1—调整手轮；2—螺母；3—上体；4—一级调整弹簧；5—二级调整弹簧；6—溢流阀；7—膜板；8—下体；9—阀杆；10—阀座；11—进气阀；12—进气阀弹簧；13—下螺盖；14—滤网

 理论链接 3：QTY 型调压阀的作用原理

调压阀左侧通入压力空气时，膜板在调整弹簧的作用下下凹，下凹的膜板通过阀杆顶开进风阀，使压力空气经进风口、打开的阀门到达出风口，出风口的压力空气经下阀体上的平衡小孔进入膜板下方中央气室。随着输出压力的逐渐升高，膜板上下两侧的压力差逐渐减小，膜板渐渐趋于平衡，进风阀在阀弹簧的作用下逐渐上移，阀口开度慢慢变小。当输出压力与调整弹簧的整定压力相等时，进风阀口完全关闭。QTY-15 型调压阀的特殊结构能使输出端的泄漏得到补充，同时在输出压力高于调整弹簧的整定值时，膜板上凸，打开溢流阀，使过多的压缩空气排出，直到输出压力与调整弹簧的整定压力平衡为止。

 理论链接 4：QTY 型调压阀的调整方法

当需调高输出压力时，顺时针方向转动调整手轮。此时调整弹簧被进一步压缩，膜板下凸量增加，使得输出压力升高。

当需调低输出压力时，逆时针方向转动调整手轮。此时调整弹簧压缩程度减弱，膜板下凸量减小，使得输出压力降低。

三、项目实施的路径与步骤

（一）项目实施路径

第一步	解体
第二步	清扫、检修
第三步	组装
第四步	试验

（二）项目实施步骤

 理论链接 5：QTY 型调压阀检修基本要求

调压作用可靠、无泄漏。

步骤一：解体。（图 2-7-2）

（1）对待修配件进行外观检查，确认无缺损情况，并将配件放置在专用清扫台上，用压缩空气进行吹扫并擦拭。

（2）用 17 固定扳手松开背母，逆时针转动手轮，将调压弹簧压力调至最小。

（3）用 100 mm 十字螺丝刀松开弹簧盒与调压器体 6×15 mm 连接螺栓，分成两体。

（4）从弹簧盒中取出膜板、二次弹簧、二次弹簧座、一级弹簧、一级弹簧压盖，松动溢流阀，取下橡胶膜板、金属膜板（现已是整体膜板）。

（5）用专用扳手旋下螺盖，取出进气阀弹簧、进气阀及顶杆。

（6）用通针卸下所有膜板及"O"形圈。

要求：

（1）轻拿轻放。

（2）外观检查无破损。

（3）工具、配件不能掉地，否则失格。

图 2-7-2　解体

工具及材料：100 mm 十字螺丝刀，专用工具，14-17 固定扳手。

步骤二：清扫、检修。（图 2-7-3）

（1）清洗所有零部件（进气阀除外），然后用 200～300 kPa 的干燥压缩空气吹扫干净。

重点吹扫各通路及暗道,确保通路及暗道通透性良好。

(2)对进气阀工作面进行外观检查,应平整,无缺损及槽沟,气密性良好,否则应在水砂纸上研磨消除。

(3)检查顶杆与溢流阀接触应良好,有漏泄现象时,应用擦铜油对研消除。

(4)检查均衡小孔应通畅。

(5)检查各部螺纹部分应完好,否则应更新。

(6)检查阀体、弹簧盒、金属膜板,不许有裂纹、变形,否则应更换。

图 2-7-3　清扫、检修

工具及材料:绸布、水砂纸、游标卡尺。

步骤三:组装。(图 2-7-4)

图 2-7-4　组装

（1）用干燥的压缩空气吹扫检修好的各部件。重点吹扫各通路及暗道，确保通路及暗道通透性良好。吹扫完后用白绸布擦干。

（2）更新膜板组成及 $\phi12\times2$、$\phi38$ "O" 形密封圈。

（3）装入前需在膜板、"O" 型密封圈、阀体内壁处有相对运动的表面涂适量的白凡士林。

（4）组装进气阀部分时，把进气阀部分的零件装入下体，将1、2级弹簧放入上体，将膜板组成放在中间，并把上下体组装到一起。

工具及材料：100 mm 十字螺丝刀、专用工具、14-17 固定扳手，$\phi12$ "O" 形密封圈、$\phi38$ "O" 形密封圈。

步骤四：检查试验。（图 2-7-5）

（1）将调压阀安装在专用试验台上，开放总风塞门，通入 700~900 kPa 压缩空气。

（2）检查出风口，不得有泄漏（肥皂水溶液法）

（3）溢流阀不得有泄漏。

（4）开放出风口风缸塞门，使风缸风压降低 50~100 kPa，再将其关闭。

（5）出风口风缸压力应恢复到定压。

图 2-7-5　检查试验

四、项目实施

1. 劳动组织形式

学生每 5~6 人组成一个工作小组，各小组制订出实施方案及工作计划。组长协助教师指导本组学生学习，检查项目实施进程和质量，制订改进措施，共同完成项目任务。

2. 工具材料准备

（1）作业工具：常用钳工工具。

（2）作业材料：汽油、棉布、水砂纸、白凡士林。

（3）使用设备：风压试验台。

3. 作业要求

（1）正确着装，穿戴好劳动保护用品。
（2）正确使用工、卡、量具。
（3）注意自身安全及他人安全，严禁违章作业。

4. 项目评价

按时间、质量、安全、文明、环保要求进行考核。学生先按照表 2-7-1 进行项目自评，在自评的基础上，由本组的同学互评，最后由教师进行总结评分。

表 2-7-1 项目考核评价表

项目要求	考核标准	考核结果
（1）时间要求	（1）不超过规定时间	（1）有一项不符合要求即不合格； （2）合格成绩为 60 分
（2）质量要求	（2）检修、维护质量符合标准	
（3）安全要求	（3）符合安全操作规程	
（4）文明要求	（4）做到文明"生产"	
（5）环保要求	（5）检修过程符合环保要求	
项目拓展		20 分
项目作业		20 分
成　绩		

注：如出现重大安全、文明、环保事故，则本项目（单元）考核记为不合格。

五、项目实施过程中的注意事项

（1）工作场地应整洁。汽油等易燃品应存放良好，严禁烟火。
（2）工作前要认真检查所使用工具，严禁使用不合格工具。
（3）用汽油清洗部件时，严禁使用明火或吸烟，并注意室内通风情况。
（4）使用仪器与设备时，试验人员应熟悉其性能，否则不能操作。

六、项目作业

完成 QTY 型调压阀检修与维护的学习任务单。

项目八　转换阀的检修与维护

一、项目要求

项目任务：对 SS_3 4000 系电力机车的转换阀进行解体、检修、维护与组装。
时间要求：教学学时为 6 课时。
质量要求：符合成都铁路局电力机车检修质量验收相关标准和技术规程。
安全要求：严格按照安全操作规程进行项目作业。
文明要求：自觉按照文明生产规则进行项目作业。
环保要求：努力按照环境保护要求进行项目作业。

 理论链接 1：转换阀的结构

DK-1 型电空制动机中使用了两个特制的气密性较好的转换阀，代号分别是 153 和 154。转换阀的作用相当于一个截断塞门。

转换阀由阀体、阀套、转换按钮、偏心杆、柱塞、弹簧、"O" 形橡胶圈、定位销、挡圈等组成，如图 2-8-1 所示。

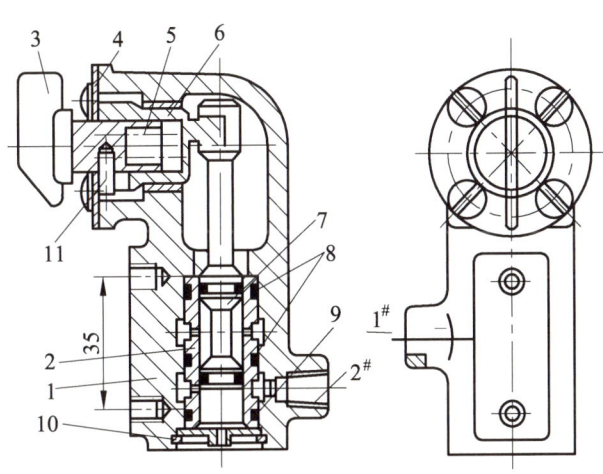

图 2-8-1　转换阀

1—阀体；2—阀套；3—转换按钮；4—标示牌；5—弹簧；6—偏心杆；7—柱塞；8—O 形圈；9—挡圈；
10—弹性挡圈；11—定位销；1#—输入；2#—输出

理论链接 2：转换阀的作用原理

转换阀有两个作用位置，由其上的标示牌标示出来。转换按钮在弹簧和定位销的作用下保持在某一固定位置上。转换位置时，先按下转换按钮，然后再将其转动 180°，到达另一固定位置时即可松开转换按钮。

转换阀 153 用于正常位（电空位）与空气位的转换，串接在均衡风缸与电空制动屏均衡风缸管之间。在正常位（电空位）时，两者沟通；在空气位时，两者被截断。转换阀 154 用于客车位与货车位的转换，串接在两初制动风缸之间。在货车位（列车管定压 500 kPa）时，两初制动风缸连通；在客车位（列车管定压 600 kPa）时，两初制动风缸不连通。

 理论链接 3：初制动风缸作用原理

DK-1 型电空制动机设置初制动风缸的主要目的是控制均衡风缸和列车管的最小减压量，同时还可抑制均衡风缸的回风现象，提高后部车辆小量减压时的制动灵敏性。初制动风缸由两部分组成，各自的代号是 58、63，两者之间的通断由转换阀 154 控制。

初制动风缸作用原理如图 2-8-2 所示。制动时，电空制动控制器手把一离开中立位，缓解电空阀 258 失电，均衡风缸即分两路减压，一路经缩孔 d_4 向初制动风缸排气，另一路经缩孔 d_3 再经制动电空阀 257 排向大气。减压达 20 kPa 手把移回中立位后，压力开关 209 动作，制动电空阀 257 重新得电，关闭 d_3 排大气通路。由于这一过程极为短暂，所以认为均衡风缸的减压量就是均衡风缸与初制动风缸的压力均衡后的减小值。

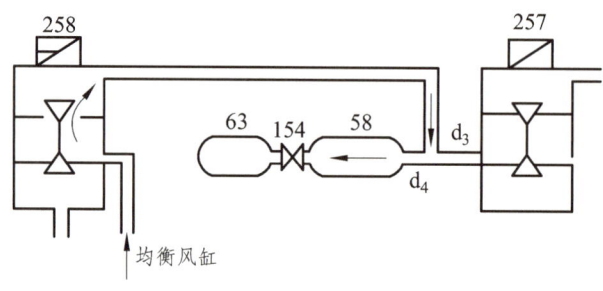

图 2-8-2 初制动风缸作用原理图

二、项目分析

转换阀 153 是实现电空位转空气位操作的重要部件。电空位操作时，153 转换阀实现均衡风缸与重联电空阀、缓解电空阀、制动电空阀及压力开关的联系；空气位操作时，切断均衡风缸与上述电空阀的空气管路。154 电空阀用于保证牵引客车或货车时均衡风缸、列车管的最小减压量。

转换阀常见故障有："O" 形密封圈破损，有漏风现象。

三、项目实施的路径与步骤

(一)项目实施路径

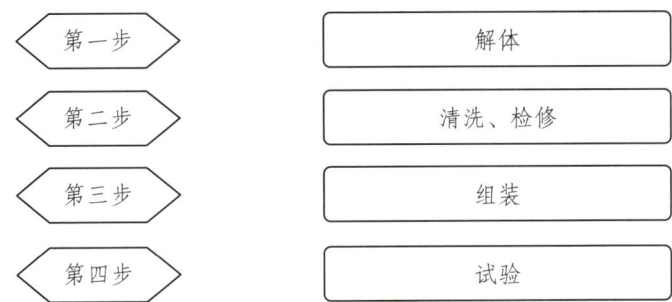

(二)项目实施步骤

 理论链接4:转换阀的基本技术要求

(1)在转换转换阀时,必须在按压按钮后方可转动。
(2)转动灵活,不卡滞,两位置作用良好,不泄漏。
(3)阀体与阀配合良好,动作灵活,不得卡滞。
(4)更换、组装"O"形密封圈时,在各柱塞涂适量工业凡士林。
(5)清洁度符合"电力机车部件检修清洁度标准"要求。

步骤一: 解体、清洗。(图2-8-3)

(1)对待修配件进行外观检查,确认无缺损情况,并将配件放置在专用清扫台上,用压缩空气进行吹扫并擦拭。

(2)用50 mm十字螺丝刀(平口)拆除转换阀铭牌4个4×8的沉头螺钉,取下转换按钮、弹簧、偏心杆。

(3)用50 mm内卡簧钳取出下阀孔挡圈后,取出转换柱塞,再用专用工具取出阀套。

(4)用清洗剂清洗阀套、柱塞、偏心杆、阀体、转换按钮,并用压缩空气吹干。

要求:
(1)轻拿轻放。
(2)外观检查无破损。
(3)工具、配件不能掉地,否则失格。

工具及材料:50 mm十字螺丝刀、50 mm内卡簧钳、专用工具。

步骤二: 清洗、检修。

(1)将拆下的各零件(橡胶件除外)放在清洗盘中清洗,并用压缩空气吹净,用绸布擦干。重点吹扫各通路及暗道,确保通路及暗道通透性良好。

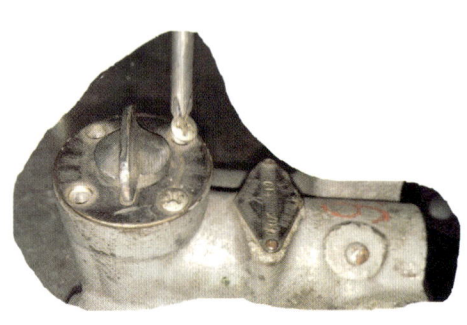

图 2-8-3　解体

（2）更换套阀三道 20×2.4 mm "O"形密封圈。

（3）更换转换柱塞 12×1.75 mm "O"形密封圈。

（4）检查阀口，应无台阶、麻坑等缺陷，其磨耗量应符合技术要求。

（5）检查内套有无划伤，轻微者可用细砂布打磨处理，严重者应更换内套。

（6）检查阀体，应无裂损，进出管口螺扣应无损坏，有乱齿现象可在车床上旋修，不能修复者应更换阀体。

要求：卡圈如果有变形，则更换。

工具及材料：绸布、水砂纸、万用表。

步骤三：组装。（图 2-8-4）

（1）用干燥的压缩空气吹扫检修好的各部件。重点吹扫各通路及暗道，确保通路及暗道通透性良好。吹扫完后用白绸布擦干。

（2）组装前在转换柱塞表面涂少量凡士林。

（3）先装偏心杆，再装柱塞。注意阀套的安装方向，不得装反。

（4）按与分解相反顺序进行组装。

要求：组装过程中可按动心杆，动作应灵活，无卡滞现象。

图 2-8-4　组装

工具及材料：50 mm 十字螺丝刀、50 mm 内卡簧钳、专用工具、白凡士林（甲级硅油）、

00#砂纸、白绸布、ϕ12×1.75 "O" 形密封圈 1 个、ϕ20×2.4 "O" 形密封圈 1 个。

步骤四：试验。

（1）将转换阀装在试验台上，操纵转换按钮，应转换灵活，可靠到位。

（2）进行通风试验，检查两位置（开通、切断）作用是否良好，有无泄漏。

四、项目实施

1. 劳动组织形式

学生每 5~6 人组成一个工作小组，各小组制订出实施方案及工作计划。组长协助教师指导本组学生学习，检查项目实施进程和质量，制定改进措施，共同完成项目任务。

2. 工具材料准备

（1）作业工具：内撑钳及机车钳工常用工具。

（2）作业材料：汽车、白布、凡士林、轴用挡圈、各型 "O" 形密封圈。

（3）使用设备：测试台、压缩风源。

3. 作业要求

（1）正确着装，穿戴好劳动保护用品。

（2）正确使用工、卡、量具。

（3）注意自身安全及他人安全，严禁违章作业。

4. 项目评价

按时间、质量、安全、文明、环保要求进行考核。学生先按照表 2-8-1 进行项目自评，在自评的基础上，由本组的同学互评，最后由教师进行总结评分。

表 2-8-1　项目考核评价表

项目要求	考核标准	考核结果
（1）时间要求	（1）不超过规定时间	（1）有一项不符合要求即不合格； （2）合格成绩为 60 分
（2）质量要求	（2）检修、维护质量符合标准	
（3）安全要求	（3）符合安全操作规程	
（4）文明要求	（4）做到文明"生产"	
（5）环保要求	（5）检修过程符合环保要求	
项目拓展		20 分
项目作业		20 分
成　　绩		

注：如出现重大安全、文明、环保事故，则本项目（单元）考核记为不合格。

五、项目实施过程中的注意事项

（1）工作场地应整洁。汽油等易燃品应存放良好，严禁烟火。
（2）工作前要认真检查所使用工具，严禁使用不合格工具。
（3）用汽油清洗部件时，严禁使用明火或吸烟，并注意室内通风情况。
（4）使用仪器与设备时，试验人员应熟悉其性能，否则不能操作。

六、项目作业

完成转换阀检修与维护的学习任务单。

项目九 QSL 型分水滤气器的检修与维护

一、项目要求

项目任务：对 SS₃4000 系电力机车的 QSL 型分水滤气器进行解体、检修、维护与组装。
时间要求：教学学时为 6 课时。
质量要求：符合成都铁路局电力机车检修质量验收相关标准和技术规程。
安全要求：严格按照安全操作规程进行项目作业。
文明要求：自觉按照文明生产规则进行项目作业。
环保要求：努力按照环境保护要求进行项目作业。

 理论链接 1：分水滤气器的作用

为提高压缩空气的清洁度，确保制动机稳定、可靠地工作，系统采用 QSL 型分水滤气器对压缩空气进行二级滤清。

 理论链接 2：分水滤气器的结构原理

分水滤气器主要由体、旋风叶、过滤元件、挡水板、外罩等组成，如图 2-9-1 所示。

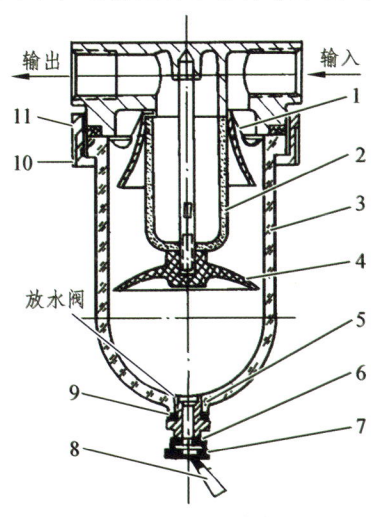

图 2-9-1 分水滤气器

1—旋风叶；2—过滤元件；3—外罩；4—挡水板；5—螺母；6、9—"O"形圈；7—盖；8—手把；10—体；11—压盖

当压缩空气由输入端进入，通过带导向孔的旋风叶后，气流呈旋转状，绕外罩和旋风伞作高速圆周运动，油、水及大颗粒尘埃落下。而较洁净的空气流经青铜粉末冶金烧结的过滤元件后，又将细微尘埃过滤，经过滤元件内腔向输出端送出高品质的压缩空气。其过滤精度为 50 μm。分水滤气器应垂直安装，其排水阀向下。注意必须按体上的箭头方向进行配管，不可将输入与输出颠倒。

二、项目分析

分水滤气器的作用是提高压缩空气的清洁度，避免水分、油分、灰尘等杂质进入制动系统各阀类设备而形成污泥，造成设备卡滞现象或将管路、缩孔、管口等堵塞，从而保障制动系统的正常工作，进而保证行车安全。

三、项目实施的路径与步骤

（一）项目实施路径

（二）项目实施步骤

 理论链接 3：分水滤气器的基本技术要求

分水滤气器的基本技术要求如表 2-9-1 所示。

表 2-9-1　分水滤气器技术参数

性能参数	最大输入压力/kPa	在压力状态下的公称使用流量/(m³/h)	在输入压力为 700 kPa 和公称使用流量时的压力降/kPa	最高使用温度/℃	过滤精度/μm	过滤面积/cm²	过滤元件尺寸/(mm×mm)
指标	1000	10	≤10	50	50	58	32×52

（1）使用环境温度范围为 -40 ℃ ~ +70 ℃（指分水滤气器车内安装环境）。
（2）输入压力必须满足 ≤1 000 kPa，并能满足 1 500 kPa 的液压强度及密封性能试验。
（3）安装方式为直接接管式，接口为 G1/2，且拆卸检修方便。
（4）过滤精度为 50~75 μm，且分水效率 ≥80%。

步骤一：检查。

外观检查各部件应齐全，无裂损、变形、泄漏，用棉丝将外部擦净。

步骤二：解体、检修。

（1）用手按下卡板并旋转防护罩可取下存水杯，拆除挡油环，取下过滤芯。金属防护罩、存水杯、放水阀、挡油环应无变形、裂纹、破损、泄漏。
（2）可用汽油、肥皂水定期清洗存水杯。存水杯忌用丙酮、甲苯等有机溶剂清洗。
（3）更换过滤芯、存水杯（玻璃罩）。

步骤三：组装。

按与解体相反顺序进行组装。

组装各部件时应注意以下两点：

（1）安装存水杯和防护罩时要将卡板对正阀体锁紧槽位置，以防松脱发生事故。各风管接头中心一致，不别劲，管口涂铅油包生胶带。管子若有变形，可用气焊烤红后恢复原形。有排风口的阀应使排风口向下。接管符合气阀柜接管图规定。
（2）分水滤气器应垂直安装，确保放水阀朝下，以便放水。

四、项目实施

1. 劳动组织形式

学生每 5~6 人组成一个工作小组，各小组制订出实施方案及工作计划。组长协助教师指导本组学生学习，检查项目实施进程和质量，制定改进措施，共同完成项目任务。

2. 工具材料准备

（1）作业工具：机车钳工常用工具。
（2）作业材料：清洗剂、白布、棉丝。
（3）使用设备：平台。

3. 作业要求

（1）正确着装，穿戴好劳动保护用品。
（2）正确使用工、卡、量具。
（3）注意自身安全及他人安全，严禁违章作业。

4. 项目评价

按时间、质量、安全、文明、环保要求进行考核。学生先按照表 2-9-2 进行项目自评，在自评的基础上,由本组的同学互评,最后由教师进行总结评分。

表 2-9-2 项目考核评价表

项目要求	考核标准	考核结果
(1)时间要求	(1)不超过规定时间	(1)有一项不符合要求即不合格; (2)合格成绩为 60 分
(2)质量要求	(2)检修、维护质量符合标准	
(3)安全要求	(3)符合安全操作规程	
(4)文明要求	(4)做到文明"生产"	
(5)环保要求	(5)检修过程符合环保要求	
项目拓展		20 分
项目作业		20 分
成　绩		

注:如出现重大安全、文明、环保事故,则本项目(单元)考核记为不合格。

五、项目实施过程中的注意事项

(1)工作场地应整洁。汽油等易燃品应存放良好,严禁烟火。
(2)工作前要认真检查所使用工具,严禁使用不合格工具。
(3)用汽油清洗部件时,严禁使用明火或吸烟,并注意室内通风情况。
(4)使用仪器与设备时,试验人员应熟悉其性能,否则不能操作。

六、项目作业

完成分水滤气器检修与维护的学习任务单。

项目十　TJY 型压力开关的检修与维护

一、项目要求

项目任务：对 SS₃ 4000 系电力机车的 TJY 型压力开关进行解体、检修、维护与组装。
时间要求：教学学时为 6 课时。
质量要求：符合成都铁路局电力机车检修质量验收相关标准和技术规程。
安全要求：严格按照安全操作规程进行项目作业。
文明要求：自觉按照文明生产规则进行项目作业。
环保要求：努力按照环境保护要求进行项目作业。

 理论链接 1：压力开关的作用

压力开关是气动电器，它利用上下气室内的压力差来实现控制电路的转换。压力开关的动作值是固定的，一经设定无法调整。DK-1 型电空制动机使用两个 TJY 型压力开关：一个是 208，用来控制列车管的最大减压量，动作压力差为 190～230 kPa；另一个是 209，电阻制动时与初制动风缸配合自动控制空气制动的减压量，其动作压力差不大于 20 kPa。

 理论链接 2：压力开关的结构

TJY 型压力开关的结构如图 2-10-1 所示。

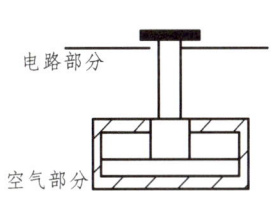
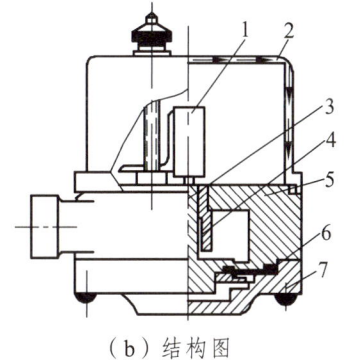

（a）图示符号　　　　　　　　　　（b）结构图

图 2-10-1　TJY 型压力开关

1—双断点微动开关；2—外罩；3—心杆；4—心杆导杆；5—阀体；6—膜板；7—下盖。

将膜板、挡板套装在心杆上，压紧后再将弹性挡圈卡在心杆下部的沟槽中，便组成了一个运动活塞。根据动作压差的不同，心杆上部的直径是不相同的，同样阀体中央套装的心杆导杆的内径也是不相同的。

膜板将压力开关内空腔隔离为上、下气室。上、下气室分别与外接管路相通，利用上、下气室的压力差使膜板下凹或上凸，带动心杆上下移动，顶触或脱离微动开关。

208、209 的上气室通过安装座（内有 ϕ0.8 mm 的限制缩孔）与调压阀管相通，下气室通过安装座与均衡风缸相通。

 理论链接 3：压力开关作用原理

当对列车进行充气缓解时，均衡风缸压力上升并最终与调压阀管压力相等。由于压力开关膜板上侧压力空气作用面积总是小于下侧压力空气作用面积，膜板下侧压力空气作用力大于上侧压力空气作用力，膜板上凸，通过心杆顶压微动开关。当均衡风缸减压时，压力开关膜板下侧压力下降，下降到一定值时，膜板上下两侧作用力相等。若均衡风缸压力继续下降，膜板上侧压力空气作用力就会大于下侧压力空气作用力，膜板下凹，心杆逐渐下移，脱离微动开关。

压力开关的动作值即动作压差与心杆直径有关：心杆直径越大，动作压差越大；心杆直径越小，动作压差越小。

心杆是否顶压微动开关，决定着微动开关触点的开闭状态，也决定着外部控制电路的转换。压力开关 208 的常闭联锁外接控制电路，接的两根导线分别是 800 和 808。充风缓解时两根导线断开，均衡风缸减压量大于 190～200 kPa 时两根导线接通。压力开关 209 的常开和常闭联锁均外接两根导线，接在常开联锁上的两根导线分别是 807 和 837，接在常闭联锁上的两根导线分别是 822 和 800。均衡风缸充气到接近定压时 822 和 800 两线断开，导线 807 和 837 接通；均衡风缸减压超过 20 kPa 时，导线 807 和 837 断开，822 和 800 接通。

二、项目分析

压力开关是制动系统在电空位操作时的重要部件之一。压力开关 209 用于控制列车管的最小减压量，压力开关 208 用于控制列车管的最大减压量。压力开关的技术状态直接影响制动系统的正常工作。运用中如果压力开关故障不能修复，DK-1 电空制动机要从电空位转空气位操作维持运行。

压力开关的常见故障现象有：

（1）电空位操作，初放中立位，就有初减压量。

（2）电空位操作，制动后回中立位，均衡风缸及列车管又恢复定压。

（3）电空位操作，均衡风缸不减压。

（4）电空位操作，有初制动减压后，不能继续减压或减压缓慢。

三、项目实施的路径与步骤

（一）项目实施路径

（二）项目实施步骤

 理论链接 4：压力开关的基本技术要求

（1）更换橡胶件。
（2）更换微动开关。
（3）压力开关 209 整定值 ≤20 kPa。
（4）压力开关 208 整定值为 190～230 kPa。
（5）清洁度符合"电力机车清洁度标准"要求。

步骤一：解体。（图 2-10-2）

（1）对待修配件进行外观检查，确认无缺损情况，并将配件放置在专用清扫台上，用压缩空气进行吹扫并擦拭。

（2）将压力开关放于钳台上，卸掉 2 颗 5 mm 滚花外罩螺栓，取下外罩。

（3）用 50 mm 十字（平口）螺丝刀拆掉微动开关连接线，用 50 mm 十字（平口）螺丝刀取下 2 颗 3×25 mm 安装螺钉，将微动开关取下。

（4）用 2 把 10 固定扳手拆掉压力开关上、下气室紧固连接的 4 颗 6×65 mm 螺栓，将上、下气室体分开，较紧时可用螺丝刀或其他工具轻微拨开，注意不能拨坏气室体。

图 2-10-2　解体

（5）取出膜板及心杆整体，用 50 mm 外卡圈钳将膜板夹板卡圈取下，取下夹板和膜板及 $\phi36×3.3$（208）或者 $\phi10×1.9$（209）"O"形密封圈。

要求：
（1）轻拿轻放。
（2）外观检查无破损。
（3）工具、配件不能掉地，否则失格。

工具及材料：50 mm 十字螺丝刀，50 mm 平口螺丝刀，8-10 固定扳手 2 把，50 mm 外卡簧钳。

步骤二：清洗、检修。
（1）将心杆、夹板、体放在清洗油盘中清洗干净，然后用 200～300 kPa 干燥压缩空气吹扫干净。重点吹扫各通路及暗道，确保通路及暗道通透性良好。
（2）更换微动开关。用万用表检测，微动开关触点闭合、断开作用应良好。
（3）检查上、下气室，各孔路应畅通，不得有堵塞。
（4）检查心杆、夹板、卡圈，不得有变形和锈蚀，卡圈涨力作用良好。
（5）检查外罩，应无破损，各安装螺栓应齐全、良好。

要求：卡圈如果有变形，则更换。

工具及材料：绸布、水砂纸、万用表。

步骤三：组装。（图 2-10-3）
（1）用干燥的压缩空气吹扫检修好的各部件。重点吹扫各通路及暗道，确保通路及暗道通透性良好，吹扫完后用白绸布擦干。
（2）在气室体内壁涂适量植物油。
（3）在有相对运动的零部件表面涂适量凡士林。
（4）用 50 mm 外卡簧钳将膜板夹板的卡圈装上，将膜板和顶杆连接在一起，并装好 $\phi36×3.3$（208）或者 $\phi10×1.9$（209）"O"形密封圈。
（5）用 2 把 10 固定扳手紧固压力开关上、下气室紧固连接的 4 颗 6×65 mm 螺栓。
（6）用 50 mm 十字（平口）螺丝刀接上微动开关连接线，用 50 mm 十字（平口）螺丝刀装上 2 颗 3×25 mm 安装螺钉，将微动开关装上。

要求：组装过程中可按动心杆，动作应灵活，无卡滞现象。

图 2-10-3 组装

工具及材料：50 mm 十字螺丝刀，50 mm 平口螺丝刀，8-10 固定扳手 2 把，50 mm 外卡簧钳，$\phi36×3.3$ "O"形密封圈，$\phi10×1.9$ "O"形密封圈。

步骤四：试验。
（1）将组装好的压力开关装于 DK-1 型电空制动机试验台上，接好微动开关连线。

（2）压力开关208的整定值为190～230 kPa。压力开关209的整定值不大于20 kPa。
（3）微动开关接通和断开显示作用良好。
（4）气室体外部检修完后喷中灰磁漆。

四、项目实施

1. 劳动组织形式

学生每5～6人组成一个工作小组，各小组制订出实施方案及工作计划。组长协助教师指导本组学生学习，检查项目实施进程和质量，制定改进措施，共同完成项目任务。

2. 工具材料准备

（1）作业工具：常用钳工工具、钳工台、卡钳、清洗盘、万用表。
（2）作业材料：汽油、棉布、植物油、凡士林（或硅油）。
（3）使用设备：DK-1型电空制动机试验台。

3. 作业要求

（1）正确着装，穿戴好劳动保护用品。
（2）正确使用工、卡、量具。
（3）注意自身安全及他人安全，严禁违章作业。

4. 项目评价

按时间、质量、安全、文明、环保要求进行考核。学生先按照表2-10-1进行项目自评，在自评的基础上，由本组的同学互评，最后由教师进行总结评分。

表2-10-1 项目考核评价表

项目要求	考核标准	考核结果
（1）时间要求	（1）不超过规定时间	（1）有一项不符合要求即不合格； （2）合格成绩为60分
（2）质量要求	（2）检修、维护质量符合标准	
（3）安全要求	（3）符合安全操作规程	
（4）文明要求	（4）做到文明"生产"	
（5）环保要求	（5）检修过程符合环保要求	
项目拓展		20分
项目作业		20分
成　　绩		

注：如出现重大安全、文明、环保事故，则本项目（单元）考核记为不合格。

五、项目实施过程中的注意事项

（1）工作场地应整洁。汽油等易燃品应存放良好，严禁烟火。
（2）工作前要认真检查所使用工具，严禁使用不合格工具。
（3）用汽油清洗部件时，严禁使用明火或吸烟，并注意室内通风情况。
（4）使用仪器与设备时，试验人员应熟悉其性能，否则不能操作。

六、项目作业

完成压力开关检修与维护的学习任务单。

项目十一　重联阀的检修与维护

一、项目要求

项目任务：对 SS₃ 4000 系电力机车的重联阀进行解体、检修、维护与组装。
时间要求：教学学时为 6 课时。
质量要求：符合成都铁路局电力机车检修质量验收相关标准和技术规程。
安全要求：严格按照安全操作规程进行项目作业。
文明要求：自觉按照文明生产规则进行项目作业。
环保要求：努力按照环境保护要求进行项目作业。

 理论链接 1：重联阀的作用

机车上装设重联阀，不仅可以使同型号的机车制动机重联，也可以使其与其他类型机车重联使用，以便实现多机牵引。乘务员只需操纵本务机车制动机，就能保证重联机车的制动与缓解作用与本务机车协调一致。在重联运行中，一旦发生机车分离，重联阀将自动保持制动缸压力，并使重联机车制动机恢复到本务机车的位置，以便于操纵列车，起到分离后的保护作用。DK-1 电空制动机共采用了两种类型的制动重联装置，一种为纯气阀结构的重联阀，另一种为电-空结合的组合式电空重联装置。

 理论链接 2：重联阀的结构

重联阀主要由本—补转换阀部、重联阀部、制动缸遮断阀部以及阀体、管座等组成，其连接管路包括作用管、平均管、总风管、总风联管及制动缸管，如图 2-11-1 所示。

1. 本-补转换阀部

本-补转换阀部为一手动操纵阀（与 DK-1 型电空制动机的转换阀结构相同），主要由转换按钮、偏心杆、弹簧、阀套、柱塞、O 形圈、标示牌及弹性挡圈、挡盖、定位销等组成，如图 2-11-2 所示。

本-补转换阀部有"本机位"和"补机位"（由标示牌指示）两个作用位置。"本机位"时连通总风联管与重联阀活塞下侧之间的气路，"补机位"时切断总风联管与重联阀活塞下侧之间的气路，而连通重联阀活塞下侧与大气之间的气路。

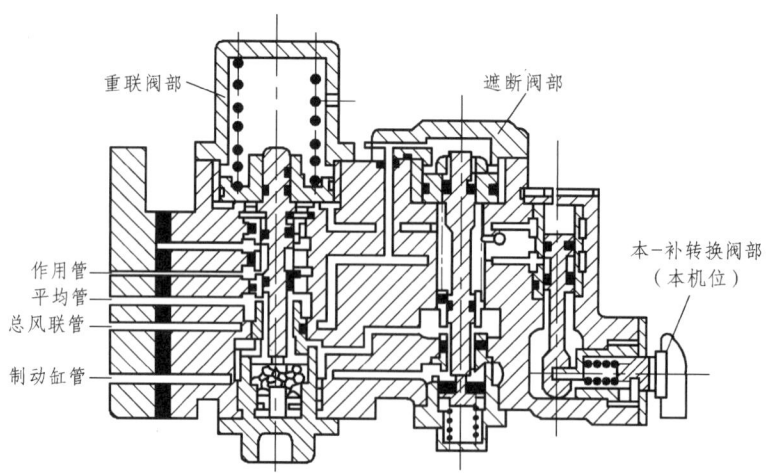

图 2-11-1　重联阀结构原理图（本机位）

2. 重联阀部

重联阀部主要由重联阀活塞、活塞杆、重联阀弹簧、重联阀阀套、"O"形圈及止回阀、止回阀弹簧等组成，如图 2-11-3 所示。

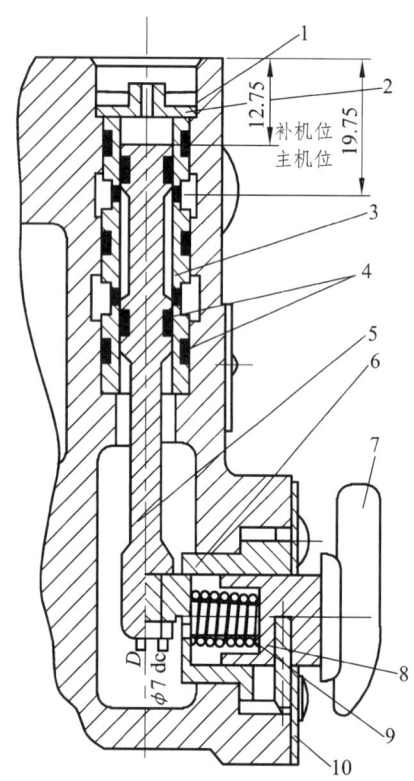

图 2-11-2　本—补转换阀部结构原理图
1—弹性挡圈；2—挡盖；3—阀套；4—O 形圈；
5—柱塞；6—偏心杆；7—转换按钮；8—定位销；
9—弹簧；10—标示牌

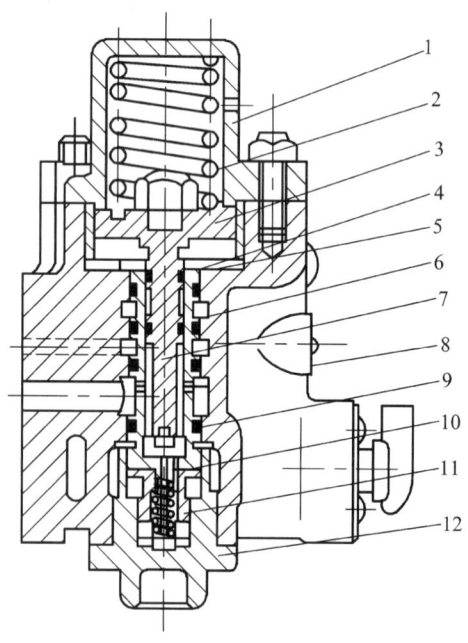

图 2-11-3　重联阀部结构图（补机位）
1—重联阀上盖；2—重联阀弹簧；3—重联阀活塞；
4—弹性挡圈；5、9—O 形圈；6—重联阀阀套；
7—活塞杆；8—厂名牌；10—止回阀；
11—止回阀弹簧；12—下盖

重联阀部的工作受本-补转换阀部的控制。本-补转换阀部的转换按钮置于不同位置时，重联阀活塞在上下两侧压力差作用下带动活塞杆上下移动，从而关闭或顶开阀口，并由活塞杆连通或切断相关气路。

3. 制动缸遮断阀部

制动缸遮断阀部主要由制动缸遮断阀活塞、活塞杆、遮断阀弹簧、遮断阀阀套、"O"形圈及止回阀、止回阀弹簧等组成，如图 2-11-4 所示。

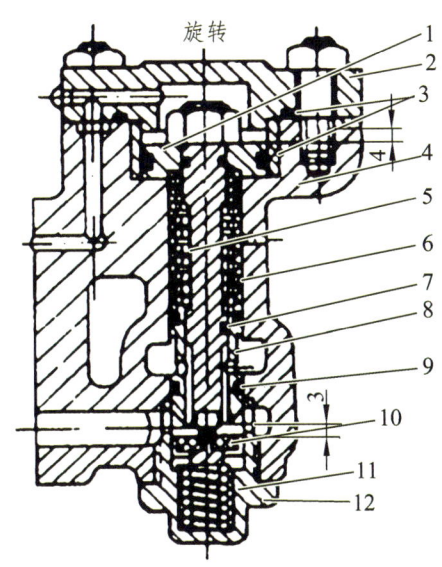

图 2-11-4 制动缸遮断阀部结构图（补机位）

1—制动缸遮断阀活塞；2—遮断阀上盖；3、7、9—O 形圈；4—重联阀体；5—活塞杆；6—遮断阀弹簧；8—遮断阀阀套；10—止回阀；11—止回阀弹簧；12—遮断阀下盖

制动缸遮断阀部的遮断阀活塞在上下两侧的压力差作用下带动活塞杆上下移动，关闭或顶开止回阀口，进而截断或连通制动缸与相应管路之间的通路。

 理论链接 3：重联阀作用原理

重联阀有"本机位"和"补机位"两个工作位置。DK-1 型电空制动机无论是"电空位"操作，还是"空气位"操作，只要机车作为本务机运行时，必须将重联前期转换按钮置于"本机位"，当机车作为重联机车运行时，就必须将转换按钮置于"补机位"。

1. 本机位

重联阀处于"本机位"时，本-补转换部首先使重联阀活塞下侧与大气相通，重联阀活塞在重联阀弹簧作用下，带动活塞杆下移，顶开止回阀，平均管与制动缸遮断阀部止回阀上侧相通。此时，总风联管 750～900 kPa 压力空气通往制动缸遮断阀部活塞上侧，使活塞带动活塞杆压缩弹簧下移，顶开遮断阀部止回阀，从而使制动缸管与制动缸遮断阀部止回阀上侧相通。也就是说在"本机位"时，重联阀使机车的制动缸管与平均管相通。当本务机车施行制动或缓解时，本务机车制动缸压力的变化通过重联阀的作用经平均管和两机车间的平均管塞门、平均软管传入重联机车的平均管。

运行中一旦机车间发生断钩分离，列车管、总风联管、平均管及连接软管断裂，本务机车产生紧急制动。由于总风联管内压力迅速下降，制动缸遮断阀活塞在其弹簧作用下，使活塞杆上移并不再压迫止回阀，止回阀关闭阀口，从而遮断制动缸管，防止制动缸压力空气经重联阀部止回阀、平均管排向大气，确保本务机车紧急制动的可靠性。

2. 补机位

重联阀处于"本机位"时，本－补转换阀部连通总风联管与重联阀活塞下侧之间的气路，使重联阀部活塞克服上侧弹簧作用带动活塞杆上移，不再压迫下端的止回阀，止回阀关闭阀口，截断平均管与制动缸管间的通路，同时活塞杆上的凹槽使作用管与平均管相通。遮断阀部与"本机位"一样，在总风联管 750～900 kPa 压力空气作用下，使活塞杆压缩弹簧下移，顶开止回阀，从而连通制动缸与制动缸遮断阀部止回阀上侧气路，但由于重联阀部止回阀口关闭，所以该气路被重联阀部止回阀遮断。补机位时，作用管与平均管相通，本务机车制动缸压力的变化通过平均管传入重联机车的作用管，重联机车分配阀均衡部根据作用的压力变化使制动缸压力产生相应的变化，从而使重联机车制动缸压力的变化与本务机车制动缸压力的变化保持一致，如图 2-11-2、2-11-3 和 2-11-4 所示。

运行中一旦机车间发生断钩分离，列车管、总风联管、平均管及连接软管断裂，本务机车产生紧急制动。由于总风联管内压力迅速下降，制动缸遮断阀活塞与"本机位"一样，关闭止回阀口，遮断制动缸管。在重联阀部，同样由于总风联管内的压力下降，重联阀活塞下移，顶开止回，自动转换到"本机位"，作用管被遮断，从而防止作用管压力空气经断裂的平均管排向大气。此时，由于列车管压力空气迅速排向大气，重联机车也会自动产生紧急制动。

二、项目分析

铁路运量的不断增长，迫切要求增大机车功率和采用双机与多机重联牵引。为适应双机及多机重联牵引的需要，在装用 DK-1 型机车电空制动机并要求空气制动重联的机车上采用了制动重联装置。

对于制动机的重联要求，根据 GB 3318—82《电力机车组装后的检查和试验规则》中的第 2.27 条以及 TB2056-89《电力机车制动机技术条件》中的第 7 条规定，需要空气制动重联的机车制动机应具备以下重联性能：

（1）本务机车制动机除满足单机技术性能等要外，还应能通过操纵本务机车，使得重联机车制动机产生制动与缓解。

（2）重联机车制动机动作时应不影响本务机车与其他重联机车以及车辆制动机的制动和缓解。

（3）重联机车制动机的制动与缓解作用应与本务机车制动机协调一致。

（4）本务机车应能控制重联机车的撒砂动作。

（5）重联运行中，一旦发生机车间分离，所有机车制动机都应产生紧急制动作用，并保持机车制动机的紧急制动作用。

（6）重联装置应能使本务机车与重联机车制动缸压力基本一致。

机车制动机的重联装置只有满足上述要求才能确保重联的机车制动机作用可靠性及运行安全性。

如果重联阀在"本机位"和"补机位"转换不到位，会导致 DK-1 电空制动机不能正常工作，影响列车运行，严重时会造成行车事故。

三、项目实施的路径与步骤

（一）项目实施路径

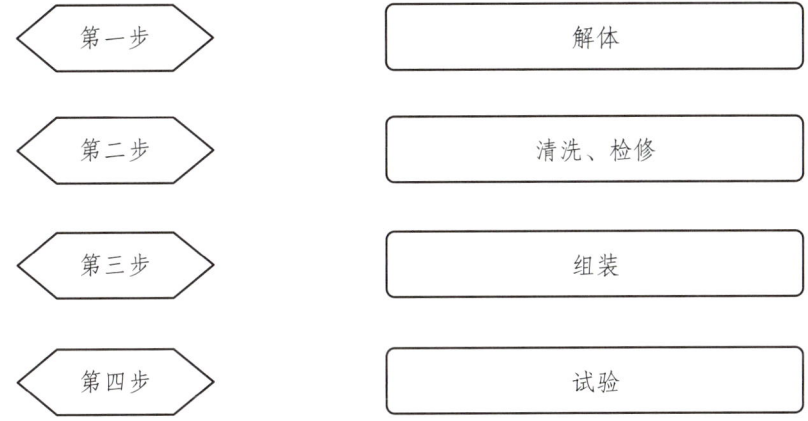

（二）项目实施步骤

 理论链接 4：重联阀关的基本技术要求

（1）各部无泄漏，各作用位作用良好。

（2）更换橡胶件时，其规格、技术要求符合原形图纸的要求。

（3）各部件清洁度符合电力机车清洁度标准。

（4）各通路应保持畅通，阀的各零件不许有裂纹，阀体不许有砂眼。

（5）各阀状态良好，弹簧无变形、裂损及严重锈蚀，不良者应更换。

（6）各橡胶垫不许有老化、破损、龟裂、气泡。更换全部"O"形圈。

（7）中修主要尺寸限度如表 2-11-1 所示。

表 2-11-1　重联阀的中修尺寸限度

序号	名　　称	中修限度
1	重联阀套、遮断阀套与提孔的配合间隙	≤0.18 mm
2	活塞柱塞、二位柱塞与套的配合间隙	≤0.12 mm
3	各阀口的磨耗量	≤0.5 mm
4	各弹簧的自由高度较原形减小量	≤3 mm
5	各阀压痕深度	≤0.5 mm

步骤一： 解体。（图 2-11-5）

（1）对待修配件进行外观检查，确认无缺损情况。将配件放置在专用清扫台上，用压缩空气进行吹扫并擦拭。

（2）用 14 固定扳手拆除遮断阀部下盖，取出止回阀和弹簧。

（3）拆除遮断阀部上盖，取出遮断阀弹簧、活塞组成及其弹簧，取出遮断阀套。

（4）用 27 固定扳手拆除重联阀下盖，取出止回阀及其弹簧。

（5）用 14 固定扳手拆除重联阀上盖，取出重联阀弹簧及活塞组成。用 50 mm 内卡簧钳取下重联阀套挡圈、重联阀套。

（6）用 50 mm 十字螺丝刀拆下转换指示牌 4 颗 4×8 mm 的沉头螺钉、转换按钮、偏心杆及手把簧。

（7）用 50 mm 内卡簧钳拆下转换阀柱塞挡盖挡圈，取出挡盖、二位柱塞，用专用工具取出柱塞套。

（8）拆下全部"O"形密封圈。

要求：

（1）分解配件时应轻取轻放，避免撞伤。

（2）分解后配件应整齐地放置于存放架上。

图 2-11-5　分解

工具及材料：14-17 固定扳手、17-19 固定扳手、24-27 固定扳手、50 mm 螺丝刀、50 mm 内卡簧钳、专用工具。

步骤二：清洗、检修。（图 2-11-6）

（1）将拆下的各零件（橡胶件除外）放在清洗盘中清洗，并用压缩空气吹净，用绸布擦干。重点吹扫各通路及暗道，确保通路及暗道通透性良好。

（2）检查各橡胶件有无老化、破损等现象。更换老化、破损的橡胶件，

（3）检查各阀体与套，不得有严重损伤、偏磨及阶磨现象。阀体与套的配合间隙应符合技术要求。

（4）检查阀口，应无台阶、麻坑等缺陷，其磨耗量应符合技术要求。

（5）检查各弹簧，不得裂损和严重锈蚀等现象，其自由高度减少量应符合技术要求。

（6）检查各挡圈子，应无裂损和严重锈蚀。

（7）检查各阀，压痕深度应符合技术要求。

（8）检查各活塞，柱塞应无弯曲、变形，螺母应无松动。

图 2-11-6　清洗、检修

工具及材料：绸布、水砂纸。

步骤三：组装。（图 2-11-7）

（1）用干燥的压缩空气吹扫检修好的各部件。重点吹扫各通路及暗道，确保通路及暗道通透性良好，吹扫完后用白绸布擦干。

（2）在阀体内壁涂适量植物油。

（3）在各柱塞、阀套等有相对运动的部件表面涂适量的凡士林或硅油。

要求：组装过程中可按动心杆，动作应灵活，无卡滞现象。

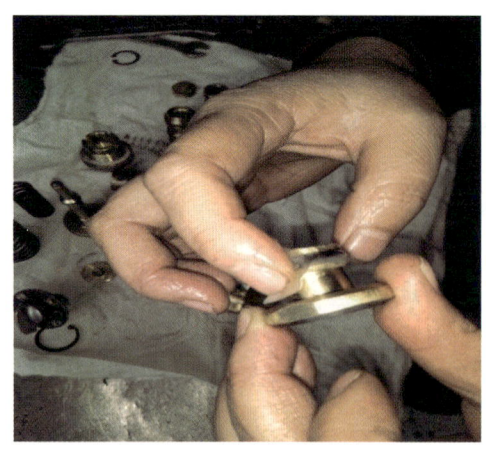

图 2-11-7　组装

工具及材料：14-17 固定扳手、17-19 固定扳手、24-27 固定扳手、50 mm 十字螺丝刀、50 mm 内卡簧钳、专用工具、白凡士林（甲级硅油）、00#砂纸、白绸布，$\phi 12 \times 1.75$ "O" 形胶圈 1 个、$\phi 18$ "O" 形密封圈 1 个、$\phi 14 \times 2.25$ "O" 形密封圈 1 个、$\phi 24 \times 2.4$ "O" 形密封圈 1 个、$\phi 36 \times 3.3$ "O" 形密封圈 1 个、$\phi 50 \times 3.3$ "O" 形密封圈 1 个、膜板。

步骤四：试验。

（1）将组装好的重联阀放在试验台上。将列车管压力调整到 500 kPa。

（2）作用管、制动管风表压力应相同（允许误差±10 kPa），制动管与制动平均管压力应相同（允许误差±10 kPa）。

（3）置断钩位，总风表压力降到零，制动管与制动平均管遮断。制动平均管压力降到零，制动管压力保持不降。

（4）重联阀部由于总风作用遮断制动缸与制动平均管通路，检测重联阀部阀口关闭密封性能。

（5）置于断钩位置，总风表压力应降到零，制动平均管压力应降到零。由于制动缸遮断阀部活塞上移以及重联阀部活塞上移，关闭阀口使制动缸管与制动平衡管的通路被切断，制动缸管压力应不下降，而制动平均管无压力。

四、项目实施

1. 劳动组织形式

学生每 5~6 人组成一个工作小组，各小组制订出实施方案及工作计划，组长协助教师参与指导本组学生学习，检查项目实施进程和质量，制定改进措施，共同完成项目任务。

2. 工具材料准备

（1）作业工具：专用机架、清洗油盘、机车钳工常用工具、卡钳、游标卡尺、百分表、钢板尺。

(2)作业材料:凡士林或硅油、水砂纸、清洗剂、绸布、白布、棉丝、植物油。
(3)使用设备:DK-1型电空制动机试验台。

3. 作业要求

(1)正确着装,穿戴好劳动保护用品。
(2)正确使用工、卡、量具。
(3)注意自身安全及他人安全,严禁违章作业。

4. 项目评价

按时间、质量、安全、文明、环保要求进行考核。学生先按照表2-11-2进行项目自评,在自评的基础上,由本组的同学互评,最后由教师进行总结评分。

表2-11-2 项目考核评价表

项目要求	考核标准	考核结果
(1)时间要求	(1)不超过规定时间	(1)有一项不符合要求即不合格; (2)合格成绩为60分
(2)质量要求	(2)检修、维护质量符合标准	
(3)安全要求	(3)符合安全操作规程	
(4)文明要求	(4)做到文明"生产"	
(5)环保要求	(5)检修过程符合环保要求	
项目拓展		20分
项目作业		20分
成 绩		

注:如出现重大安全、文明、环保事故,则本项目(单元)考核记为不合格。

五、项目实施过程中的注意事项

(1)工作场地应整洁。汽油等易燃品应存放良好,严禁烟火。
(2)工作前要认真检查所使用工具,严禁使用不合格工具。
(3)用汽油清洗部件时,严禁使用明火或吸烟,并注意室内通风情况。
(4)使用仪器与设备时,试验人员应熟悉其性能,否则不能操作。

六、项目作业

完成重联阀检修与维护的学习任务单。

项目十二　电空阀的检修与维护

一、项目要求

项目任务：对 SS₃4000 系电力机车的 TFK 型电空阀进行解体、检修、维护与组装。
时间要求：教学学时为 6 课时。
质量要求：符合成都铁路局电力机车检修质量验收相关标准和技术规程。
安全要求：严格按照安全操作规程进行项目作业。
文明要求：自觉按照文明生产规则进行项目作业。
环保要求：努力按照环境保护要求进行项目作业。

 理论链接 1：电空阀的作用

电空阀是通过电磁力来控制压缩空气管路的接通或切断，从而实现远距离控制气动装置的电器。电空阀的种类较多，如按电磁铁的型式分有拍合式和螺管式；按组装方式可分为立式和卧式，按作用原理可分为开式和闭式。但就结构来说，它都是由电磁机构及气阀两大部分组成的，所以曾一直以电磁阀命名过，其原因就在于动力源为电磁力。目前，国产电力机车上都统一装有螺管式电磁铁、立式安装的闭式电空阀（图 2-12-1），而进口的 8K 型电力机车上则装用拍合式电磁铁、立式安装的开式或闭式电空阀。

 理论链接 2：电空阀的分类

电空阀分为开式和闭式，是指电磁铁在无电状态下，主气阀口的状态是开还是闭。若主气阀口处于关闭位置，即称为闭式；反之则为开式。

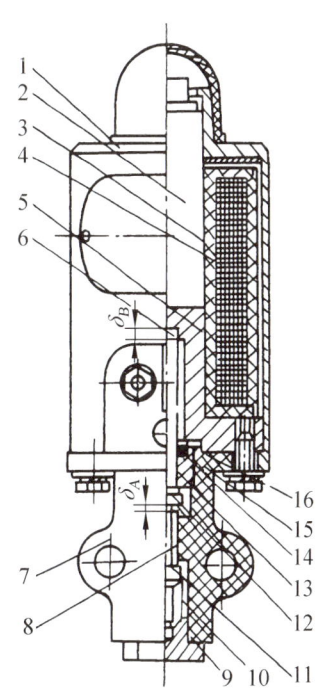

图 2-12-1　TFK₁B 型电空阀
1—阀杆；2—阀座；3—静铁心；4—心杆；5—线圈；6—铜套；
7—动铁心；8—磁轭；9—防尘套；10—橡胶垫；11—接线柱；
12—滑块；13—密封垫；14—上阀门；15—下阀门；
16—复原弹簧；17—O 形圈；18—下盖；
δ_A—阀门行程；δ_B—铁心气隙

电空阀的气阀部分一般由上、下两个气阀口分成三个气室，各气室均可与外部连通。下气室 A 与风源连接，中气室 B 通向控制对象，上气室 C 除个别外一般与大气连通。图 2-12-2（a）所示为闭式电空阀，无电时，因下阀口受弹簧反力作用使下气室与中气室不连通，即气源不能进入控制对象，处于关闭状态。而开式电空阀正好相反，如图2-12-2（b）所示。无电时，在弹簧反力作用下下阀口开放，上阀口关闭。气源经下阀口通向控制对象处开放位置。掌握好电空阀的开式、闭式的作用原理，便于弄清楚电空阀电路的开闭与气路的开闭的对应关系，有利于简化电空阀品种和简统电路。

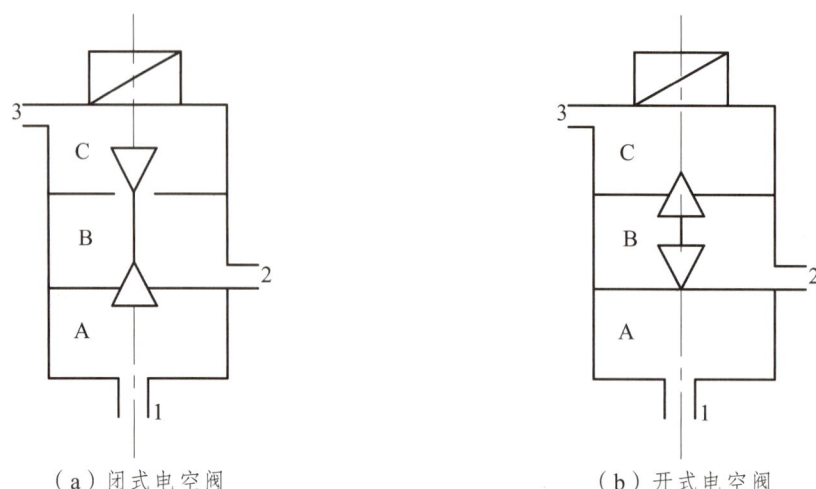

（a）闭式电空阀　　　　　　（b）开式电空阀

图2-12-2　电空阀结构示意图

A—下气室；B—中气室；C—上气室；1—进风口；2—出风口；3—排风口

理论链接3：电空阀的结构

DK-1型机车电空制动机除采用传统的TFK_{1B}型电空阀外，为满足系统的性能也装用TFK型电空阀（习惯称"三通电空阀"）。这两种电空阀的区别只在气阀部分，而电磁机构完全相同。后者是前者的派生产品。现就"三通电空阀"介绍如下（图2-12-3）。电磁机构由静

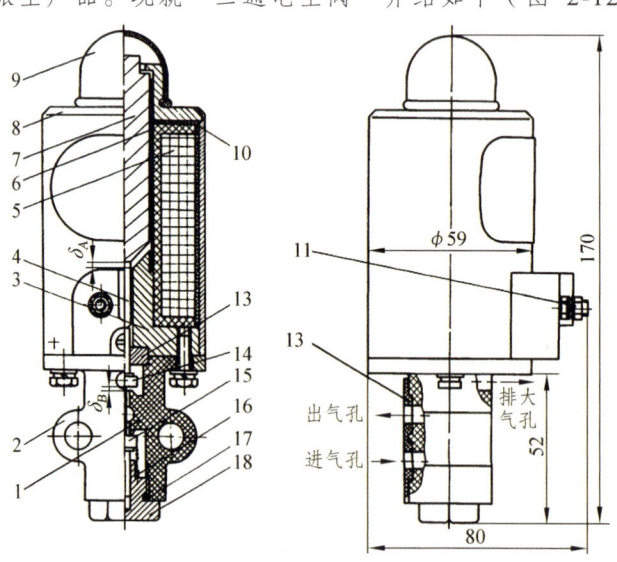

图2-12-3　TFK型电空阀

1—磁轭；2—动铁心；3—紫铜套；4—线圈；5—静铁心；6—心杆；7—阀座；8—阀杆；9—下盖；10—复原弹簧；11—下阀门；12—上阀门；13—密封套；14、15—"O"形圈；16—压圈；δ_A—阀杆行程；δ_B—铁心气隙

铁心5、磁轭1、动铁心2、线圈4、心杆6等组成。气阀部分由阀座7、上阀门11、下阀门12、阀杆8、密封套13、压圈16、密封圈14、15、弹簧10及下盖9等组成。

 理论链接4：电空阀作用原理

当线圈4不通电时，下阀门11受弹簧10的作用而密贴阀座7的下阀口，并经阀杆8将上阀门顶开，使控制对象与上气室连通。而上气室由于上密封圈的作用保持其气密性，可以通过排风口集中通大气，也可以经排风口通向另一控制对象（注意此处与通用的TFK$_{1B}$型电空阀的不同处：前者可在排风口处集中引出，可根据需要接管或加堵实现三通的要求；后者则无法在排风口集中引出，因在上阀门与滑道有间隙，无法保证上气室的气密性）。当线圈有电时，由于电磁力的作用克服弹簧的反力使动铁心下压心杆带动上阀门，经阀杆使下阀门离开其阀座，这样上阀口的关闭与下阀口的打开是同时进行的。从而实现电控制空气通路的通断。

DK-1型机车电空制动机共采用八个电空阀（不包括撒砂与紧急电空阀），均安装在电空制动屏上，其中TFK型与TFK$_{1B}$型各四个。现将各电空阀的连接管及功能综合后列于表2-12-1。

表2-12-1 各电空阀连管及功能

代号	名称	型号	进风口	出风口	排风口	功能
252	过充	TFK	总风管	过充风缸	堵	过充位得电，使得列车管有30~40 kPa的过充量
253	中立	TFK$_{1B}$	总风管	遮断阀管		中立、制动、重联、紧急位时得电切断列车管理的风源
254	排1	TFK$_{1B}$	作用管	大气		"大、小闸"运转位时和临时性，控制作用管的排风，单独缓解机车闸缸
255	检查	TFK	总风管	均衡风缸	堵	与检查按钮配合使用，判断列车管的开通状态
256	排2	TFK$_{1B}$	过充风缸	大气		重联、紧急位得电，加快过充风缸的排风
			堵	过充风缸		除过充、运转位外各位失电，加快过充风缸的排风
257	制动	TFK$_{1B}$	堵	初制风缸		除中立位外各位失电，控制均衡风缸的排风
258	缓解	TFK	调压阀管	均衡风缸	初制风缸	过充、运转位得电，控制均衡风缸的正常充风与排风
259	重联	TFK	列车管	均衡风缸	堵	在重联、紧急位得电，使中继阀推动控制列车管压力的能力

注：1. 排2电空阀的SS$_1$、SS$_3$、SS$_4$、SS$_5$型上的接管与SS$_{4改}$、SS$_{4B}$、SS$_6$、SS$_{6B}$、SS$_7$、SS$_8$等型上的接管不同；
2. 各电空阀的代号在新型电力机车上均加上"YV"，如252YV、258YV等。

二、项目分析

电空阀是DK-1电空制动机利用电路来控制气路的重要电器。电空阀故障是造成列车无法继续正常运行的重要原因。电空阀的技术状态直接影响制动系统空气管路的通断、制动系统自动制动性能的实现，是列车安全正点运行的保证。

电空阀的常见故障有：电空阀线圈故障、接线松弛、上下阀口关闭不严、上下阀口未复位或被异物垫住、排风口有脏污堵塞等。

三、项目实施的路径与步骤

（一）项目实施路径

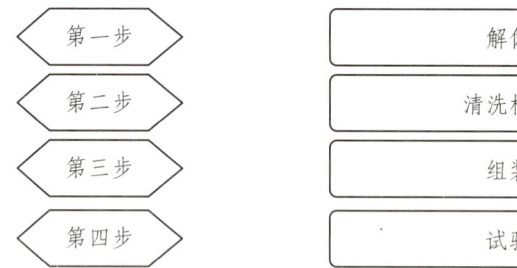

（二）项目实施步骤

 理论链接5：电空阀的技术参数

电空阀的技术参数如表2-12-2所示。

表 2-11-2　电空阀主要技术数据

代号	名称	型号	进风口	出风口	排风口	功　　能
252	过充	TFK	总风管	过充风缸	堵	过充位得电，使得列车管有30～40 kPa的过充量
253	中立	TFK$_{1B}$	总风管	遮断阀管		中立、制动、重联、紧急位时得电切断列车管理的风源
254	排1	TFK$_{1B}$	作用管	大气		"大、小闸"运转位时和临时性，控制作用管的排风，单独缓解机车闸缸
255	检查	TFK	总风管	均衡风缸	堵	与检查按钮配合使用，判断列车管的开通状态
256	排2	TFK$_{1B}$	过充风缸	大气	初制风缸	重联、紧急位得电，加快过充风缸的排风
			堵	过充风缸		除过充、运转位外各位失电，加快过充风缸的排风
257	制动	TFK$_{1B}$	堵	初制风缸		除中立位外各位失电，控制均衡风缸的排风
258	缓解	TFK	调压阀管	均衡风缸		过充、运转位得电，控制均衡风缸的正常充风与排风
259	重联	TFK	列车管	均衡风缸	堵	在重联、紧急位得电，使中继阀推动控制列车管压力的能力

注：1. 排2电空阀的SS$_1$、SS$_3$、SS$_4$、SS$_5$型上的接管与SS$_{4改}$、SS$_{4B}$、SS$_6$、SS$_{6B}$、SS$_7$、SS$_8$等型上的接管不同；

2. 各电空阀的代号在新型电力机车上均加上"YV"，如252YV、258YV等。

理论链接6：电空阀基本技术要求

（1）通以 375～650 kPa 风压，在 88～121 V 电压作用下，吸合与释放时，在排气孔处无泄漏。可以涂肥皂液检查，若有气泡，须 5 s 以内不破裂。

（2）接线座无松动，接线端子连接牢固，无断损，线圈无断路、短路、接地现象。

步骤一：解体。（图 2-12-4）

（1）用 22-24 固定松下阀座下螺母，取下下阀门、恢复弹簧、阀杆。

（2）用 8-10 固定扳手取下阀座固定螺钉，分离阀座与线圈系统，取出滑道、上阀门、铜杆。

（3）用 150 mm 平口或十字螺丝刀拆下外壳固定螺钉、线圈接线柱固定螺钉，取下磁轭，分解线圈，取出线圈、铁心座、铜套、动铁心。

（4）取下防尘罩。将分解好的零配件和螺钉摆放整齐。

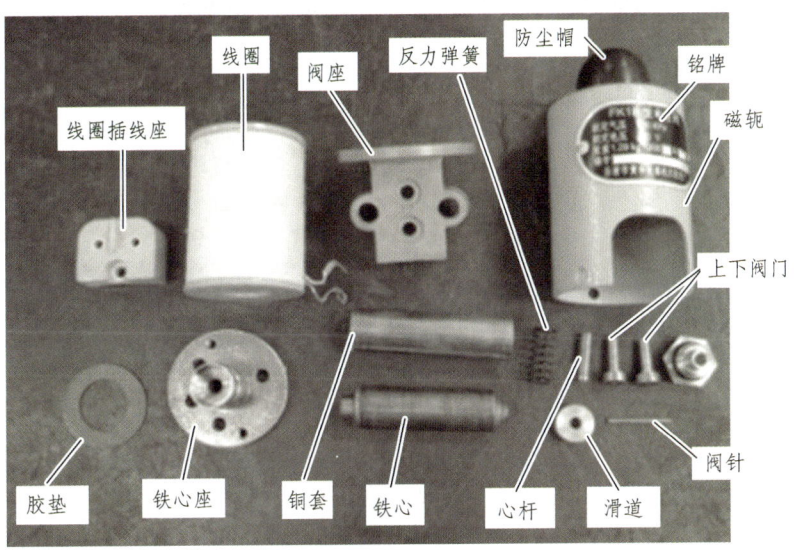

图 2-12-4　解体

步骤二、清洗、检修（图 2-12-5）

（1）清洗阀座、上下阀，恢复弹簧等，清洁度达 II 级。

（2）检查阀座：阀座、阀口处无裂纹、拉伤、径向沟槽、阀座内风道畅通。如需更换阀座，用 50 mm 平口螺丝刀清除阀座内胶木毛刺。

（3）检查阀针：阀针清洁无油污，阀针不得弯曲，端面必须平整，直径不小于 2 mm。

（4）检查心杆：心杆光洁，上端面光滑无铜刺，下端面必须平整。

（5）检查线圈：用万用表测量其阻值并记录。线圈阻值应为 892~1013 Ω。如需更换线圈，用 4 mm 套筒扳手紧固接线柱螺母。

线圈外绝缘层无过热、老化、开裂、破损现象；线圈胶木架无裂纹、断裂、变形；线圈引出线良好，无老化、破损，断股不得超过 10%；线圈、接线胶木座无裂纹、缺损；与线圈接线紧固良好，接线柱高度平齐，平垫、弹簧垫齐全。

（6）检查恢复弹簧：恢复弹簧弹性良好、无压死。

（7）检查磁轭：磁轭无破损，铭牌齐全、清晰，铭牌标识额定气压不得低于 600 kPa。

（8）检查铁心：动铁心光滑；必须有隔磁环，且隔磁环外径不得大于铁心直径，不得松动、脱落；铁心无破损、锈蚀。

（9）检查铜套：铜套无变形、裂纹、缺损。

（10）检查防尘罩：防尘罩无老化、裂纹、破损，排气孔良好。

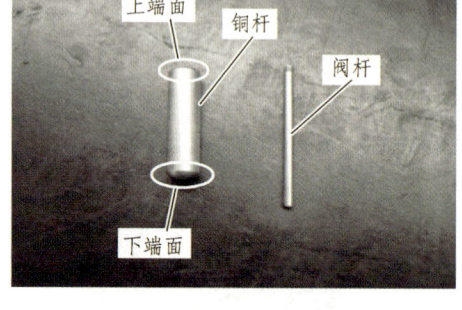

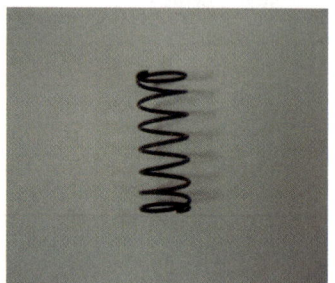
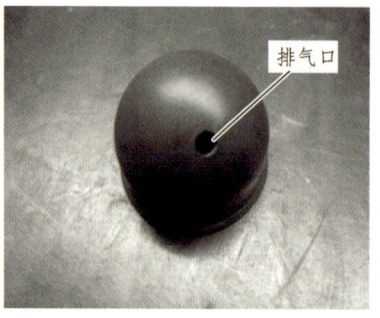

图 2-12-5　清洗、检修

表 2-12-3 电空阀线圈电阻值随环境温度变化换算表

温度/°C	电阻值/Ω （110 V，线径为 0.19 mm，13 000 匝）	温度/°C	电阻值/Ω （110 V，线径为 0.19 mm，13 000 匝）
40	1088.04 ~ 966.14	16	997.992 ~ 876.092
39	1084.288 ~ 962.388	15	994.24 ~ 872.34
38	1080.536 ~ 958.636	14	990.488 ~ 868.588
37	1076.748 ~ 954.884	13	986.736 ~ 864.836
36	1073.032 ~ 951.132	12	982.984 ~ 861.084
35	1069.28 ~ 947.38	11	979.232 ~ 857.332
34	1065.528 ~ 943.628	10	975.48 ~ 853.58
33	1061.776 ~ 939.876	9	971.728 ~ 849.828
32	1058.024 ~ 933.8728	8	967.976 ~ 84
31	1054.272 ~ 936.124	7	964.224 ~ 842.324
30	1050.52 ~ 928.68	6	960.472 ~ 838.572
29	1046.738 ~ 924.868	5	956.72 ~ 834.82
28	1043.016 ~ 921.116	4	952.968 ~ 931.068
27	1039.264 ~ 917.364	3	949.216 ~ 827.136
26	1035.512 ~ 913.612	2	952.968 ~ 831.068
25	1031.76 ~ 909.86	1	941.712 ~ 819.812
24	1028.008 ~ 906.108	0	937.96 ~ 816.06
23	1024.256 ~ 902.356	−1	934.208 ~ 812.308
22	1020.504 ~ 898.604	−2	930.456.8 ~ 808.556
21	1016.752 ~ 894.852	−3	926.704 ~ 804.804
20	1013 ~ 891.1	−4	922.952 ~ 801.052
19	1009.248 ~ 887.348	−5	919.2 ~ 797.3
18	1005.496 ~ 883.596	−10	900.44 ~ 778.54
17	1001.744 ~ 879.844		

步骤三：组装。（图 2-12-6）

（1）组装阀座时阀座下阀口朝上，先将一阀门朝下，装入阀座下阀口。下阀门与阀座阀口胶件用纱布擦磨清洁，不得有铜粉、灰尘，与阀口接触良好。

（2）装上恢复弹簧。注意紧固时不要用力太大，防止密封圈变形产生泄漏，螺母与下阀门阀杆不得卡死。

（3）用尖嘴钳更换螺母上密封圈，装上下阀座螺母，并用 22-24 固定扳手紧固。注意紧固时不要用力太紧，防止密封圈变形产生泄漏，螺母与下阀门阀杆不得卡死。

（4）将阀座翻转过来，上阀口朝上，将阀针装入上阀口。阀针下头要落入下阀门胶件中心的固定孔内。

（5）将滑道装在上阀门阀杆上。滑道内圆孔与上阀门阀杆上下活动灵活，不得卡死，滑道外径与上阀口接触密贴，转动灵活，不得与阀口卡死。

（6）测量、调整阀杆行程：用游标卡尺卡住阀座下阀螺母与上阀门的阀杆顶部，水平放置，测量出阀杆自由长度的尺寸；然后适力压缩上阀杆，再测量其长度；用前尺寸减去后尺寸即为阀杆行程。可用阀针的长度调整其行程，如行程小可换长度适中的阀针；如行程大可用砂纸将阀针磨短。行程的标准如下：TFK_{1B} 为（1.0±0.2）mm，TFK 为（1.0±0.2）mm。

（7）组装线圈系统：将静铁心小头朝上装在已安装、调整好的阀座上，并用 8-10 固定扳手将其与阀座的连接螺钉紧固。安装时注意方向，线圈接线胶体固定孔与阀座排气孔方向一致。

（8）将铜杆小头朝下放入静铁心内。

（9）将一阀门朝下装入阀座上阀口。上阀门与阀口的胶件用纱布擦磨清洁，不得有铜粉、灰尘，与阀口接触良好。阀针上头要卡入上阀门胶件中心的固定孔内。

（10）将动铁心尖头朝下放入铜套内。动铁心在铜套内上下动作灵活、无卡滞。动铁心上消磁环不得与铜套接磨。

（11）安装铜套。铜套装在静铁心上。铜套与静铁心安装可靠到位，与静铁心接口密贴。

（12）测量铁心气隙：先用游杆卡尺测量静铁心座到动铁心顶部的高度，然后将铜杆取出，再测量一次，用前尺寸减去后尺寸即为铁心气隙。

注意：将铜杆取出时应摆放好，以免装错。调整铜杆长度，使铁心气隙如下：TFK_{1B} 为（1.9±0.2）mm；TFK 为（1.7~1.9）mm。

（13）把线圈放在静铁心上。线圈接线柱和阀座排风口一致。

（14）在线圈上装上磁轭，用 150 mm 平口或十字螺丝刀将紧固螺钉紧固。线圈在磁轭内不得松动，如有松动，须用橡胶垫垫死。动铁心与磁轮之间必须要有间隙。

（15）装上防尘罩。防尘罩安装可靠，不松脱。

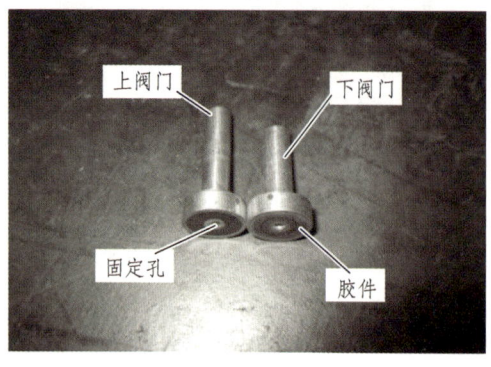

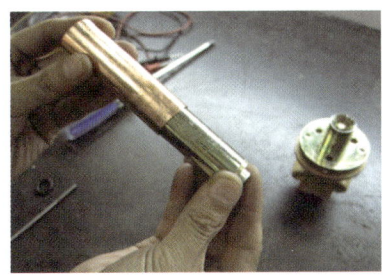

图 2-12-6　组装

步骤四：试验。（图 2-12-7）

（1）手动试验。动铁心动作灵活，无卡滞。

（2）通电试验。将组装好的电空阀安放在试验台上，用 8 mm 套筒扳手紧固好。先通以 650 kPa 风压，在 88~121 V 电压下试验 10 次。再通以 800 kPa 风压试验 10 次。电空阀应无卡滞，吸合时上阀密封良好，防尘帽排风口、下阀座紧固螺母均无泄漏，失电时下阀密封良好无泄漏。用肥皂水测试，若有气泡，须 5 s 以内不破裂。

（3）绝缘试验。用 500 V 兆欧表检查线圈对地绝缘，并记录。

图 2-12-7　试验

四、项目实施

1. 劳动组织形式

学生每 5~6 人组成一个工作小组,各小组制订出实施方案及工作计划。组长协助教师指导本组学生学习,检查项目实施进程和质量,制定改进措施,共同完成项目任务。

2. 工具材料准备

(1)作业工具:电烙铁、电器钳工常用工具、万用表、兆欧表(500V)。
(2)作业材料:汽油、白布、砂布(00#)、工业凡士林、焊剂(松香)、焊锡。
(3)使用设备:压缩风源。

3. 作业要求

(1)正确着装,穿戴好劳动保护用品。
(2)正确使用工、卡、量具。
(3)注意自身安全及他人安全,严禁违章作业。

4. 项目评价

按时间、质量、安全、文明、环保要求进行考核。学生先按照表 2-12-4 进行项目自评,在自评的基础上,由本组的同学互评,最后由教师进行总结评分。

表 2-12-4 项目考核评价表

项目要求	考核标准	考核结果
(1)时间要求	(1)不超过规定时间	(1)有一项不符合要求即不合格; (2)合格成绩为 60 分
(2)质量要求	(2)检修、维护质量符合标准	
(3)安全要求	(3)符合安全操作规程	
(4)文明要求	(4)做到文明"生产"	
(5)环保要求	(5)检修过程符合环保要求	
项目拓展		20 分
项目作业		20 分
成 绩		

注:如出现重大安全、文明、环保事故,则本项目(单元)考核记为不合格。

五、项目实施过程中的注意事项

(1)工作场地应整洁。汽油等易燃品应存放良好,严禁烟火。

（2）工作前要认真检查所使用工具，严禁使用不合格工具。

（3）用汽油清洗部件时，严禁使用明火或吸烟，并注意室内通风情况。

（4）使用仪器与设备时，试验人员应熟悉其性能，否则不能操作。

六、项目作业

完成电空阀检修与维护的学习任务单。

参考文献

刘豫湘，陆缙华，潘传熙.DK-1型电空制动机与电力机车空气管路系统[M].北京：中国铁道出版社，1998.